KB261012

위기의
경제학

위기의 경제학

반복되는 **경제 위기**, 어떻게 **대응**할 것인가

▪정갑영(연세대 총장) 지음▪

21세기북스

백조의 경제학

검은 백조black swan을 보신 적이 있나요? 어떻게 백조가 검다는 말인가? 언어학적인 모순이다. 백조는 당연히 흰색이어야 할 것이다. 이런 인식 때문에 검은 색깔을 가진 백조를 쉽게 떠올리기가 힘들다. 서양 고전에서는 '검은 백조'가 실제로는 존재하지 않거나 고정관념과는 전혀 다른 상상을 의미하는 뜻으로 사용되어 왔다고 한다.

글로벌 위기가 발생하면서 백조의 색깔 논쟁이 경제에 큰 이슈로 부상했다. 과거의 고정관념으로는 도저히 상상하기 힘든 엄청난 위기가 터졌기 때문이다. 나심 탈렙Nassim Taleb이 글로벌 위기를 검은 백조에 비유하면서, 실제로 학계는 또 한 번 큰 격랑에 시달렸다. 기존의 경제학 체계가 모두 다시 쓰여야 한다는 주장에서부터, 시장경제의 종언에 이르기까지 경제학에 대한 비판은 끝이 없었다.

그러나 2008년 금융위기 이후 오늘의 세계 경제는 어떠한가? 아직 완전히 회복되지는 않았지만, 곳곳에서 초봄의 새싹처럼 싱그럽게 솟아오르고 있다. 그렇다고 기존의 경제학 체계가 바뀐 것도 아니며, 전통적인 정책에서 크게 벗어난 것도 아니다. 오히려 전형적인 양적완화의 경제 정책으로 위기는 점차 극복되어 가고 있다. 희귀한 사건을 희귀한 처방으로 치료하고 있는 것이 아니다.

오히려 최근에는 금융위기가 어쩌다 한 번 검은 백조처럼 나타나는 것이 아니라, 반복적으로 되풀이 되며 예측도 가능하다는 주장이 등장한다. 누리엘 루비니는 금융위기가 제때에 적절한 대응책을 마련하지 못해 반복적으로 발생한다고 말했다. 실제로 유사한 금융위기의 역사는 여러 차례 되풀이 되어 왔다. 검은 백조가 아니라 흔히 보는 하얀 백조처럼 위기가 빈발할 수 있다는 것이다.

과연 앞으로 금융위기는 하얀 백조처럼 자주 나타날 것인가? 어떤 이유로 위기가 반복될 것이라고 쉽게 예측하는가? 세계 경제의 특성을 보면 너무나 분명하다. 세계 경제는 지금 네 가지의 특성, 즉 세계화globalization, 역동성dynamics, 혁신innovation, 불확실성uncertainty을 갖고 움직이고 있다.

세계 모든 나라가 서로 영향을 주고 받으므로, 가지 많은 나무 바람 잘 날 없듯이 이곳저곳에서 사건이 터질 때마다 경제는 흔들리기 마련이다. 기술개발이 워낙 빨라 어떤 기업도 안정적으로 시장지위를 유지하기 힘들고, 특정 사건이 세계 경제에 미치는 파급속도가 엄청나게 빠르다. 이런 상황에서 어떻게 경제가 안정될 수 있겠는가? 이런 이유로 경제는 앞으로도 지속적으로 불확실성이 심화되고, 경기의 순환주기도 짧아질 것이며, 기업 간 경쟁도 더욱 치열하게 될 것이다.

이런 상황에서 우리는 무엇을 준비해야 하는가? 다행히 경제적 위험과 불안은 미리 준비하면 그 피해를 훨씬 더 줄일 수 있다. 개인은 물론이고, 기업과 정부까지 철저하게 준비한다면 경제위기를 극복할 수도 있고, 위기가 닥친다 해도 타격을 최소화할 수 있다. 중요한 것은 위기가 반복될 때마다 지혜롭게 극복할 수 있는 전략을 마련하는 것이다. 위기가 어디서부터 비롯된 것이고, 어떤 원인으로 발생한 것이며, 어떤 영향을 미칠 것인지를 파악해야 한다. 위기의 본질을 이해해야만 대응 전략도 마련할 수 있지 않겠는가.

이번 글로벌 위기 이후 우리 국민의 경제에 대한 이해도도 많이 높아진 것이 사실이다. 새롭게 등장한 경제용어에서부터 전문가들에게나 통용되던 정책수단에 이르기까지 경제위기의 학습효과가 널리 확산된 것도 사실이다. 그렇지만 아직도 우리 사회는 경제에 대한 관심이나 이해가 선진국보다 훨씬 취약한 상태에 있다. 나라가 경제적으로 부강해지려면 우선 경제적으로 풍요로워져야 하지 않겠는가. 그리고 국가가 풍요로워지려면 개인과 기업이 위기를 슬기롭게 극복하고 성장할 수 있는 잠재력을 길러야만 한다.

이 책은 지난 2008년 금융위기 이후 새롭게 등장한 세계경제의 흐름을 분석하고, 위기의 원인과 대응전략을 알기 쉽게 정리한 글을 모은 것이다. 대부분 언론을 통해 연재된 시의성 있는 주제들을 재편집한 것으로, 되풀이되는 경제위기에 적극적으로 대처하는 지혜를 기르는 데 큰 도움이 될 수 있기를 바라며 출간하게 된 것이다.

어려운 용어를 누구나 쉽게 읽을 수 있게 풀어서 썼지만, 아직도 경제학의 난해한 조각이 많이 남아 있다. 이미 지나가 버린 내용을 풀어써서 시의성이 떨어지는 부분도 있지만, 위기의 반복성을 고려한다면 반드시 읽어보라고 권하고 싶다. 모든 위기의 본질에는 항상 경제에 대한 기본 원리가 도사리고 있으며, 위기의 해법도 간단한 진리에서부터 찾아야 하기 때문이다. 이 책을 통해 많은 독자가 호수 위의 백조를 평화롭게 보듯이, 이제는 경제의 백조도 편안한 마음으로 대처할 수 있기를 바랄 뿐이다. 책을 편집하고 만드는 과정에서 애써 준 연구실의 정병현, 오현진 조교, 그리고 21세기북스의 김영곤 사장님 이하 임원진들께 깊은 감사를 드린다.

2012년 5월

정갑영

1장 위기와 위안의 순환, 생활 경제

4장 알아야 힘이 되는 세계 경제

1장

위기와 위안의 순환, 생활 경제

우리는 무엇으로 행복한가

2008년 우리나라 1인당 국민소득이 2만 달러대를 지키지 못하고 다시 1만 9,231달러로 내려왔다고 한다. 아무리 환율 폭등 때문이라고는 하지만, 그토록 염원하던 2만 달러의 소득은 한 해 만에 무산되어버렸다. 게다가 2009년 사정은 명약관화하다. 따라서 당분간 2만 달러의 꿈은 기대하기 어려울 것 같다.

세계적인 금융위기 때문이라고 자위할 수도 있겠지만, 그래도 경제가 성장하고 소득이 올라가야 좀 더 풍요로운 삶을 누릴 수 있지 않겠는가. 물론 일자리 지키기도 어려운데 소득이 조금 내려가는 건 아무 문제도 아니라고 받아들이는 사람들도 많을 것이다. 특히 요즘처럼 임금을 낮춰서라도 일자리를 나누자는 잡 셰어링job sharing이 일반화되는 분위기에서는 더욱 그러할 것이다.

물론 경제가 성장하고 소득이 올라가면 아무래도 물질적으로 더 풍요해지는 것이 사실이다. 그러나 경제성장은 정말 우리를 더욱 행복하게 만드는 것일까? 결론부터 얘기한다면 경제학의 정답은 반반이다. 소득과 행복의 관계를 연구한 대표적인 학자는 리처드 이스털린Richard Easterlin이었다. 그는 1974년 연구에서 많은 경제학자의 예측대로 한 국가 내에서는 "높은 소득을 유지하는 계층이 저소득층보다 더 행복하게 느낀다"는 결론을 얻었다.

그러나 국가별 연구에서는 "최저 생계수준만 벗어나면 국민의 행복 수준이 결코 1인당 국민소득에 비례하지 않는다"는 이스털린의 역설이 발견된 것이다. 또한, 한 국가 내에서도 장기적인 추세 치를 비교하면 소득과 행복의 수준은 비례하지 않았다. 예를 들면, 1946~1970년에 미국의 국민소득은 지속해서 증가했지만, 국민이 느끼는 행복감은 오히려 1960~1970년 사이에 많이 감소했다. 절대소득이 결코 행복을 보장해주지 않는다는 역설이 성립하는 것이다.

이스털린의 역설 이후 학계에서는 행복경제학에 대한 많은 논란이 거듭되어왔다. 행복을 과연 어떻게 측정하느냐는 논쟁에서부터, 절대소득이 행복과 비례하지 않는 요인에 대한 연구에 이르기까지 활발한 연구가 진행되어왔다. 물론 오스왈드A. Oswald와 스티븐슨B. Stevenson의 최근 연구처럼 이스털린의 역설을 부정하고 한 국가 내에서는 물론 국제적으로도 행복은 소득에 비례한다는 결과도 많이 나오고 있다.

그럼에도 이스털린의 역설이 아직도 주목을 받는 요인은 두 가지로 설명될 수 있다. 첫째는 사람들의 행복감은 절대소득도 중요하지만 상대소득에 큰 영향을 받기 때문이다. "사촌이 땅을 사면 배가 아프다"는 한국 속

담이나 "존스네 집 따라잡기Keeping up with the Joneses"라는 미국식 표현
이 모두 여기에 해당한다. 아무리 나의 소득이 2만 달러를 넘어도 이웃보
다 적거나 가까운 친지보다 적게 올라가면 행복감은 자기 소득에 비례해
서 올라가지 않는다는 가설이다.

둘째는 주관적인 소득의 기준은 절대소득이 아니라 자신의 욕심에 좌우
되기 때문이다. 따라서 행복은 자신의 소득을 욕심으로 나눈 값이기 때문
에 소득이 아무리 올라도 분모인 욕심이 더 많아지면 행복은 증가하지 않
게 된다. 우리가 모두 1970년대 수준의 욕구만 갖고 있다면, 현재의 소득
수준으로도 행복이 차고 넘칠 텐데, 지금은 모두 2020년대의 욕구가 있으
니 어떻게 행복해지겠는가?

불황이 지속하면 소득은 당연히 더 떨어지게 될 것이다. 이 와중에 조금
이라도 행복감을 찾으려면 어떻게 해야 하나. 모든 사람이 힘들어하는 글
로벌 위기라고 생각하면 약간 위안이 될 것이다. 한 걸음 나아가 자신의
욕심을 낮추면 더 행복해질 것이다. 성경에도 마음이 가난한 자는 복을 받
는다고 하지 않았는가. (〈매경이코노미〉, 2009. 4. 15)

02

베니스 상인과
'제3의 자본'

"재판장님, 베니스의 질서를 확립해주십시오. 상거래 계약이 지켜지지 않는다면 어떻게 베니스가 유지될 수 있겠습니까?"

"계약을 지키지 못한 대가로 원금의 3배를 보상해주면 어떤가요? 당신은 돈을 빌려주었으니, 돈으로 배상을 받으면 되지 않겠소?"

"그건 안 됩니다."

"그럼, 당신이 원하는 것은 무엇이오?"

"저는 다만 계약 내용 그대로 이행하도록 해달라는 것입니다."

"돈이 아니고 계약대로 이행하게 해달라……그렇다면 살 1파운드를……?"

셰익스피어의 〈베니스의 상인〉에 나오는 내용이다. 주인공 안토니오는 신뢰를 가장 중시하는 선주船主였다. 그의 이름만 대면 무이자로 돈을 빌릴 수 있을 정도로 신용이 높은 상인이었다. 그러나 친구에게 급전을 마련해주기 위해 샤일록을 찾아가니, 그 유대인 전주錢主는 안토니오를 무시하고 상당한 이자를 요구한다. 결국, 그는 샤일록이 원하는 대로 원금을 제때 갚지 못할 때 "심장에서 가까운 살 1파운드"를 주겠다는 계약을 체결하고 돈을 빌린다. 그런데 공교롭게 상선의 사고로 원금을 기한 내에 갚지 못하게 되었다. 샤일록은 계약을 지켜야 한다고 주장하며 '살 1파운드'를 요구한 것이다.

재판장은 결국 고심 끝에 계약서의 내용을 그대로 집행하라고 결정한다. 그러나 반드시 계약서에 나와 있는 그대로 "1파운드의 살을 떼어가되, 피 한 방울도 흘리지 말고 도려내라"고 판결한다. 어떻게 그게 가능하겠는가? 오히려 샤일록은 그 계약 내용이 베니스인을 살해할 의도가 있었다는 죄목으로 결국은 재산을 모두 몰수당하는 처지에 놓인다.

안토니오를 신뢰하지 못하고, 계약서만 굳게 믿었던 샤일록은 크게 참회하지만 이미 때는 늦었다. 샤일록은 항상 남을 믿지 못했다. 엄격한 계약으로 안토니오를 곤궁에 처하게 하고 유대인의 설움과 전주의 위력을 보여주고 싶었다. 하지만 결국 신뢰보다 취약한 계약 앞에 무릎을 꿇을 수밖에 없었던 것이다.

상거래에서는 항상 신뢰가 중요하다. 계약보다도 훨씬 더 강력한 약속은 바로 사람들 간의 신뢰다. 서로 신뢰한다면 계약도 필요 없고 거래 비용도 절감할 수 있다. 서로서로 믿어주는 신뢰의 네트워크도 생성된다. 그러나 신뢰가 취약할수록 더욱 복잡하고 엄격한 계약이 필요하고 계약의 이행과정도 엄청나게 복잡해진다. 물론 계약은 선진화된 사회규범의 하나이지만, 아무리 계약이 완벽하다 해도 모든 상황을 반영할 수는 없다. 따라서 많은 거래비용이 발생하는 것이다. 복잡한 계약서보다도 믿음이 훨씬 더 경제에 도움이 되는 것이다.

세계은행은 이런 이유로 사회적 신뢰도가 10퍼센트 상승할 때, 경제성장률은 0.8퍼센트 증가한다고 분석한 바 있다. 저명한 사회학자 후쿠야마 교수도 시장경제가 지속해서 발전하기 위해서는 경쟁 시스템과 함께 사회 구성원 간의 신뢰가 필수적이라는 사실을 지적하고 있다. 이를 바탕으로 최근에는 물적, 인적 자본에 이어 신뢰가 중심이 되는 사회적 자본이 '제3의 자본'으로 주목받고 있다. 사회적 자본은 개인과 기업, 정부 등 사회를 구성하는 주체를 협력적인 관계로 연결하기 때문이다(이동원·정갑영 외 《제3의 자본》에서 일부 인용).

국민이 지도자를 믿지 못하고, 사법제도를 불신하고, 서로서로 신뢰하지 못한다면 어떻게 사회적 자본이 형성될 수 있겠는가. 불신의 토대 위에서는 아무리 복잡한 협약과 법규를 제정해도 그것은 샤일록의 계약에 불과할 뿐이다. 세종시는 물론 노사협약, 여야의 대립 등 정치적 갈등도 결국은 신뢰의 문제 아니겠는가. '제3의 자본'은 더는 제3세계의 문제가 아니다. 과연 우리의 사회적 자본은 얼마나 될까? (〈매경이코노미〉, 2009. 12. 24)

경제 문맹에서
벗어나자

그리스인들은 죽은 자의 입에 동전을 물려서 보낸다고 한다. 삶을 마감하고 저승의 하데스 궁전에 가려면 돈이 필요하기 때문이다. 그곳으로 가는 첫 번째 강을 건너려면 늙은 뱃사공 카론에게 동전 한 닢을 주어야 한다. 뱃삯이 없는 혼령들은 미처 강도 건너지 못하고 구천을 맴돈다니, 돈에 맺힌 한恨이 영혼까지 괴롭히는 셈이다. 신화를 통해 아주 먼 옛날부터 돈에 얽힌 삶의 질곡桎梏을 망자한테까지 가르쳐온 셈이다.

카론의 신화 이후 수천 년이 지났지만, 우리는 모두 아직도 그 질곡에서 벗어나지 못한다. 아무리 은수저를 물고 태어났다 해도, 때로는 잘못된 결정으로 아니면 남에게 속거나 되풀이되는 경제 침체로 핍박을 당하기 일쑤다. 먼 곳에서 터지는 글로벌 위기의 파편으로 실직과 자산가격의 폭락을 경험하기도 한다. 세상에 그 많은 학자도 경제의 부침浮沈을 쉽게 예측하지 못하고, 오히려 토플러 말처럼 "날아가는 비행기 창문이 갑자기 열리

듯" 거품이 터지기도 한다. 한 번 붕괴할 때마다 기내機內는 여지없이 풍비박산되지 않는가.

이런 와중에 어떻게 서민들의 경제적 피해를 최소화할 수 있겠는가? 물론 위대한 지도자를 만난다면 손실을 약간 줄일 수 있을지 모른다. 그러나 각 개인 차원에서 보면 가장 적극적인 전략은 스스로 경제의 속성을 이해하고 현명하게 대처하는 방법뿐이다. 누구나 경제와 금융 문맹에서 탈피해 스스로 위기를 관리할 수 있는 능력을 갖추어야만 생존할 수 있는 시대가 된 것이다.

정부도 경제 문맹 퇴치에 적극 나서 무지에서 비롯되는 경제적 피해를 최소화해야 한다. 공교육을 통해 경제원리와 금융현상을 체계적으로 교육하고, 신용관리에서부터 절약, 투자, 합리적인 이재理財 규범을 습득하도록 해야 한다.

우리 현실은 어떠한가. 공교육 과정에서 경제교육이 극히 빈약할 뿐만 아니라 그것마저도 수능에 밀려 고교생 중 20퍼센트만이 경제를 선택하고 있다. 더욱 놀라운 것은 상경계에 입학하려는 학생들조차 경제과목을 피하고 있다. 어디 그것뿐인가. 사법시험에서조차 경제학은 빠져 있다.

이런 제도 때문에 정상적인 대학교육을 받은 고학력자들은 물론 사회 지도층이 대부분 경제 문맹에서 벗어나지 못하고 있다. 사법연수원을 졸업하고도 기업의 역할 하나 제대로 이해하지 못한다니, 복잡한 경제 관련 사건들이 법원에서 어떻게 심리되고 있는지 두려울 따름이다. 골프나 와인에는 일가견이 있는 전문가들도 금융에는 문맹인 이들이 대부분이다.

물론 국회와 정치권도 예외가 아니다. 경제 문맹을 대변하듯 비정규직

법 같은 엉뚱한 법안이나 양산하고, 시장에 역행하는 기업정책을 발의하니 그 피해가 어디로 가겠는가. 일반 국민은 더욱 심각하다. 투자자들에게 KIKO나 파생상품을 물어보라. 제대로 알고 가입한 사람이 얼마나 되겠는가. 반기업 정서나 경직적인 노사관계, 개방을 둘러싼 갈등도 사실은 대부분 경제 문맹에서 비롯되고 있다.

이런 여건에서 어떻게 불황을 넘어 선진화를 논할 수 있겠는가. 펀드와 환헤지에 얽힌 그 큰 손실을 어떻게 회복하겠는가. 안전띠를 단단히 매고 정신 차리지 않으면 오히려 선진 금융기법의 마술에 걸려 글로벌 금융의 피해자만 더 급증하게 될 것이다.

나라가 선진화하려면 먼저 경제 문맹에서 벗어나야 한다. 국민의 경제적 피해를 최소화시키기 위해서라도 금융 문맹을 퇴치하는 제도개혁과 사회운동을 전개해야 한다.

미국 초등학교 경제 교과서는 '금융생활financial life이란 무엇인가?'로 시작한다. 건실한 금융생활과 백만장자가 되는 방법을 토론시키고, 세 가지 행동지침을 가르친다. 좋은 교육을 받고, 번 것보다 적게 쓰며, 예산을 세워 미래에 투자하라고.

우리는 과연 무엇을 가르치고 있는가. '금융생활?' 오늘 처음 듣는 생소한 단어 아닌가. 그러나 이제는 의식주보다 더 앞서서 터득해야 할 삶의 필요조건이다. (〈매일경제〉, 2009. 3. 26)

변호사 없는
세상이 행복하다

몇 년 전 미국의 어떤 판사가 한인 세탁소를 대상으로 바지를 분실했으니 5,400만 달러를 보상하라는 소송을 제기한 적이 있었다. 로이 피어슨이라는 행정법원 판사는 세탁소가 '고객 만족'이라는 약속을 지키지 않았다는 이유로 그 어마어마한 돈을 요구했다고 한다.

아무리 소송을 일삼는 미국이라도 그게 가능한 일인가? 그 엄청난 액수가 과연 어디서 나온 것일까? 그것도 현직 판사가 낸 소송이니 법적 근거가 있는 게 아니었을까?

영국의 〈이코노미스트〉지는 2009년 1월 15일자 소송남용 사례를 분석하면서 소송금액의 산출근거를 공개했는데, 그 내용이 정말 가관이다. 우선 약속위반과 '사기'를 근거로 1,500달러의 보상금을 기본으로 하고, 열두 번 항의했기 때문에 12배를 신청한 다음, 바지가 없어서 고통을 당한 1,200일을 곱했으며, 세 사람이 운영하는 세탁소이므로 다시 3을 곱했다고 한다. 여기에 정신적인 피해 보상으로 2,200만 달러를 추가하면 총 6,700만 달러가 된다. 그런데 특별히 호의를 베풀어 1,300만 달러를 차감한 후에 5,400만 달러를 청구했다는 것이다. 다행히 이 사건은 그 판사의 패소로 끝났지만, 세탁소 주인은 2년여 동안 받은 각종 피해를 어디서 보상받을 수 있겠는가.

국내에서도 사소한 개인 간의 분쟁을 법정으로 몰고 가는 경우가 종종 있지만, 미국에서의 소송남용과 이에 따른 사회적 비용은 상상을 초월한다. 예를 들면, 플로리다 주에서는 교실에서 남의 책을 집어던지며 소란을 피우는 다섯 살 아이를 교사가 손으로 밀어 바깥으로 몰아냈는데, 부모는 인권 침해를 이유로 2,000만 달러의 소송을 제기하기도 했다. 학교는 결국 9만 달러를 배상하라는 판결을 받았고, 이 사건 이후 미국에서는 교사가 학생에게 손을 대는 것을 엄격히 금지하고 있다.

또한, 뉴욕에서는 5일의 정학처분을 내리려면 60가지 이상의 행정절차를 거쳐야만 가능하다. 인권을 지나치게 보호한 나머지 오히려 교실에서의 질서조차 유지하기 어려운 세상이 된 셈이다. 이제 회초리를 든 선생님은 신화 속으로 사라지고 있을 뿐이다.

법은 상식과 관습을 기초로 사회질서를 유지하기 위해 만들어진다. 개인의 권리와 재산권이 부당하게 침해될 때 이를 보호해주자는 것이 법의 출발이다. 그럼에도 산업사회의 다원화와 복잡한 인간관계 때문에 소송의 남용과 과다한 법적 규제가 일반화되고 있고, 이에 따른 엄청난 사회 경제적 비용이 큰 현안으로 부상하고 있다.

법의 지배rule of law는 가장 선진화된 민주주의의 문화로 여겨졌지만,

상식을 벗어난 소송 남용과 과다 규제로 고통당하는 사례가 너무 많아지고 있기 때문이다. 개인의 사적私的문제를 법적 절차를 통해 해결하는 비용이 너무 많아지고 있고, 노동과 환경, 사회 안전에 대한 지나친 규제와 보호로 감당하기 어려운 사회적 비용이 발생하고 있다. 규제의 사회적 비용은 어제오늘의 얘기는 아니지만, 이제는 사회가 감당할 수 있는 범위를 넘어 확대되고 있기 때문에, 법적 규제의 국가적 손익을 엄밀히 따져 보아야만 한다.

최근 오바마 정부에서 규제개혁의 책임을 진 선스타인Sunstein은 저서 《비용과 이득의 국가Cost-Benefit State》에서 개인의 일상뿐만 아니라, 각종 경제 사회적 규제를 국가 손익의 관점에서 재평가하자고 주창하고 있다. 호워드 역시 상식과 관습에 바탕을 둔 '변호사 없는 세상'이 미국을 더 풍요롭게 할 수 있다고 제안한다(P. Howard, "Life without Lawyers: Liberating Americans from Too Much Law").

변호사들은 이의를 제기하겠지만, 한국도 이미 이런 상태로 접어든 것 아니겠는가. 소송의 남용과 과다한 규제로 사회적 비용이 만만치 않은 나라로 변해버렸다. 개인의 이혼문제에서부터 각종 환경과 노동 등 각종 법적 규제에 대한 손익을 국가 차원에서 재평가해야 할 때다. (〈매경이코노미〉, 2009. 3. 11)

정보재와 네트워킹의 르네상스

2009년 근 LCD TV 시장에서 삼성과 소니를 제치고 세계 1위에 오른 TV 회사 비지오VIZIO가 화제에 오르고 있다. 무명의 작은 기업이 어떻게 거대 공룡을 꺾고 일약 최대 기업으로 등장했을까? 비지오의 캘리포니아 본사는 2층짜리 작은 건물로 고작 160여 명이 근무하는 곳이라니 그리 큰 기업은 아니다. 그런데 매출이 2003년의 1,700만 달러에서 2009년 25억 달러로 싱장했다니 6년 사이에 글자 그내로 대도약을 한 셈이다.

비지오사의 성공비결은 어디에서 찾을 수 있을까? 생산공장도 없고, 대단한 기술도 없으며, 그렇다고 유통채널을 가진 것도 아니다. 생산과 유통, A/S에 이르는 거의 모든 단계를 최고 기업으로부터 아웃소싱하고 본사는 이 모든 걸 효율적으로 연결하는 네트워킹networking에만 집중한 것이다. 이 결과 최고의 제품을 경쟁기업보다 20~30퍼센트 싸게 팔고 있다니, 어떻게 매출이 급성장하지 않겠는가. 이제는 네트워킹 자체가 새로운 경영기술로 부상한 셈이다.

실제 아웃소싱의 전략은 어제오늘의 얘기가 아니다. 델Dell 컴퓨터도 효율적인 외주전략으로 공장 하나 없이 한때 혁혁한 실적을 올렸고, IT 산업의 전형적인 경영전략의 하나로 일반화되어 왔다. 그러나 최근 들어 정보통신과 방송의 융합이 빠른 속도로 이루어지고, 스마트폰의 보급과 트위터, 페이스북 등 사회적 네트워크social network가 심화 발전되면서 네트워킹 전략이 또다시 주목을 받고 있는 것 같다.

또한, 원자재뿐 아니라 완제품까지 네트워크를 탈 수 있는 정보재의 확산도 이를 뒷받침하고 있다. 정보재는 디지털로 전환이 가능한 모든 재화와 용역을 말하는데, 최근 IT 기술의 발달로 정보재로 전환될 수 있는 상품의 범위가 급속도로 확산하고 있다. 간단한 문자에서부터 시작된 정보재는 CD, USB, DVD 등 각종 저장기기의 발달과 네트워크 서비스 개발로 영화에서 책과 신문 등에 이르기까지 영역이 끝없이 확장되고 있다. 나아가 3차원 영상의 구현으로 네트워크의 입체효과도 크게 향상되고 있다.

또한, 제품 자체가 정보화되지 않을 때에도 웹 스토어와 같은 유통 채널을 개발하면서 네트워크 효과를 누릴 수 있게 되었다. 전체 산업의 흐름에서 보면 원자재와 완제품, 유통, 사후관리에 이르기까지 모든 단계에서 정보화와 네트워크 효과가 폭발적으로 일어나고 있는 것이다.

이러한 변화를 경제학적 측면에서 분석해보면 정보재와 네트워크의 힘은 역시 비용에 있다. 재화나 서비스를 디지털화하면 추가적인 생산비가 의미가 없게 된다. 즉, 한계 생산비가 거의 0에 가깝게 된다. 따라서 정보재 영역에서는 공짜로 공급되는 게 수없이 많아지고 있다. 요즘 인터넷이나 스마트폰, 아니면 다른 네트워크에서 공짜로 구할 수 있는 게 수없이 많지 않은가. 물론 이런 변화로 매출원이 줄어들어 곤경에 처하거나 머지 않아 문을 닫아야 할 비즈니스도 엄청나게 증가할 것이다.

그러나 다른 한편으로 네트워킹이 주는 장점도 무한히 많다. 공짜는 공짜대로 즐기면서, 자본이나 기술이 없어도, 세계적인 유통망이 없어도 손쉽게 네트워킹을 활용해 뛰어들 수 있는 영역도 엄청나게 많아졌다. 경쟁은 치열해졌지만 동시에 시장진입 장벽도 많이 줄어든 셈이다. 다만 누가 효율적으로 네트워크를 이용하느냐에 따라 성패가 좌우된다. 특히 기술이나 유통면에서 시장 지배력을 갖고 있지 않은 경쟁기업들에게는 더욱 그러할 것이다. 닷컴버블 붕괴 이후 10년 만에 다시 한 번 정보재와 네트워킹의 르네상스가 도래한 셈이다. (〈매경이코노미〉, 2010. 4. 28)

06

패러다임 시프트와
사오정 면하기

손오공과 사오정이 입사시험을 치르게 되었다. 치열한 경쟁을 뚫고 마지막 관문인 면접을 마친 손오공은 우쭐했지만, 사오정은 더욱 초조하기만 했다. 보다 못한 손오공은 안절부절 어쩔 줄 몰라 하는 사오정에게 면접 문항을 모두 가르쳐 주었다. "첫째 질문은 좋아하는 운동선수가 누구냐고 묻는데, 옛날엔 차범근이고 요즘엔 박지성이라고 답했고, 둘째는 산업혁명이 언제 어디서 일어났느냐고 묻길래, 17세기 영국이라고 했어. 마지막으로 과학문제였는데 UFO를 믿느냐고? 남들은 다 그렇게 말하지만, 과학적 근거가 없어 안 믿는다 했지…… 그 정도면 당근이지!"

답안을 열심히 외우고 면접장에 들어간 사오정은 첫 질문을 받았다. "이름이 누구죠?" "옛날엔 차범근인데 요즘엔 박지성입니다." "어 그래요? 언제 어디서 태어났지요?" "17세기 영국입니다." 이쯤 되니 면접관이 화를 냈다. 큰소리로 "당신 좀 이상하다고 안 합니까?" "네. 남들은 다 그러는데, 과학적 근거가 없어 안 믿습니다.”

과연 사오정다운 명답이다. 말 몇 마디로 두 사람의 운명은 완전히 갈렸다. 그러나 답안 자체만을 놓고 생각해보라. 두 사람 모두 똑같은 문장 아닌가. 단지 사오정은 상황이 변했음에도 그저 자신이 외운 옛말만 되풀이했을 따름이다. 이것은 단지 사오정에 국한된 얘기가 아니다. 우리 주변에는 뜻밖에 사오정이 많다. “아빠는 만날 똑같은 얘기만…….” “엄마는 빤하지…….” “우리 사장님은 또 그 소리야…….”

실제로 최근처럼 급변하는 상황에서는 사오정 면하기가 만만치 않다. 불과 1년 전에 ‘100년 만의 위기’라고 난리를 치더니 벌써 출구전략 운운하고 있지 않은가. 국제 유가는 경기침체 속에서도 두 배나 뛰어올랐고, 금값은 진짜 금값이 되었다. 주가의 등락은 말할 것도 없다. 과연 위기가 사라지고 V자처럼 회복해, 모든 것이 위기 이전으로 되돌아갈 것인가?

격랑의 글로벌 경제 속에서 사오정을 면하려면 급격한 변화에 신속하게 대처할 수 있는 혜안이 필요하다. 경기가 조금 호전된다고 생각마저 복고復古한다면, 사오정을 피할 수 없다. 다시 한 번 패러다임 시프트paradigm shift가 필요한 시점이다.

우선 경기가 아무리 급속하게 좋아져도, 당분간 과거와 같은 선진국의 호황은 불가능할 것이다. 위기 이전 10여 년간 선진국은 인플레 없는 3~4퍼센트의 골디락스goldilocks 성장을 지속했지만, 당분간 이런 환상은 버려야 할 것이다. 바닥을 찍고 나와도 한동안 미파微波를 거듭할 수밖에 없기 때문이다.

달러 가치의 안정도 우려되는 부분이다. 미국의 경상수지와 재정 적자는 쉽게 줄어들지 않고 국가 간의 불균형은 더욱 심화하고 있다. 행여 세계 어느 구석에서 조금만 삐끗해도 중심을 잃게 될 것이다. 달러의 불안은 우리의 환율과 직결되어 있다. 따라서 위기로 환율이 올라도 힘들지만, 반대로 달러가치가 급락해도 수출에는 큰 부담이 된다.

값싼 원자재도 더는 기대하기 어려울 것 같다. 이 불황에 유가와 광물자원의 가격이 그렇게 높은 이유는 무엇인가? 달러 불안에 대비한 투기도 있지만, 이머징 마켓에서의 수요 급증도 중요한 원인이다. 그러나 안타깝게도 공급을 쉽게 늘릴 수 없으니 값싼 원유와 원재료에 대한 환상도 버려야 할 것 같다.

위기가 끝난다 해도 복병은 곳곳에 많이 숨어 있다. 경기 회복이 빠르거나 출구전략이 늦어지면 늦어질수록, 생산요소 가격은 더 뛰어오르고, 수요 견인에 의한 인플레이션 압력은 그만큼 더 높아진다. 경제가 이러한데 어떻게 쉽게 사오정을 면할 수 있겠는가. (〈매경이코노미〉, 2009. 10. 7)

07

시장의
공진효과

2002년 영국에서는 최첨단 디자인과 건설기술로 새롭게 개통한 '밀레니엄 다리'가 불과 이틀 만에 폐쇄되는 사고가 발생했다. 당시 약 2,000만 파운드나 투자해서, 템스 강을 건너 성 바울St. Paul 성당과 사우스뱅크South Bank를 연결하는 야심 찬 새천년 프로젝트로 추진된 것이었지만, 다리가 너무 흔들려 안전상의 이유로 통행을 금지했던 것이다. 선진국 영국의 체면은 말이 아니었지만, 과학적 분석 결과 당시 다리의 흔들림은 공진효과 때문인 것으로 밝혀졌다.

총 9만여 명이 이 다리를 건넜는데 2,000여 명이 동시에 건너가며 발을 맞추니 다리가 심하게 흔들렸고, 설상가상으로 흔들리는 다리 위에서 균형을 잡기 위해 행인들이 동시에 움직이니 다리의 흔들림이 더욱 크게 나타난 것이다. 물리학에서는 두 물체의 주파수가 같아지는 경우를 공진共振이라고 한다. 즉, 다리 위에서 행인과 다리 흔들림의 주파수가 같아져 심각한 공진효과resonance effect가 발생한 것이다.

실제 이런 사례가 발생한 것은 밀레니엄 다리가 처음은 아니었다. 현존하는 기록으로는 1831년 영국의 캘버리 부대가 맨체스터 근교의 육교를 지나갈 때 행진 박자가 다리의 고유진동과 일치해 붕괴한 사고가 효시였다. 이후로 군대가 다리를 지나갈 때는 박자에 맞춰 행진하지 않는다고 한다.

1940년 미국 워싱턴 주의 타코마 교량도 공진효과 때문에 개통 4개월 만에 붕괴하였다. 작은 바람이 다리의 자연 진동과 같은 파장으로 불어와 큰 공진을 일으켰다. 그 진폭이 너무 커서 붕괴한 것이다. 물론 당시에는 원인도 몰랐지만, 자연의 소리 없는 공진현상이 일으키는 무서운 결과를 보여준 사례라 할 수 있다.

경제 세계에서도 이와 같은 물리 현상이 나타나는 것일까? 모든 사람이 같은 주파수를 맞춰 같이 행동한다면, 시장은 어떤 결과를 가져오게 될까? 예를 들어, 시장에서 모든 사람이 특정한 재화를 모두 구매만 한다면, 가격이 엄청나게 뛰어오를 것이다. 그러다 가격 상승이 일정 수준을 넘어 과도해지면, 한순간에 가격 거품이 일거에 사라져버리는 파국에 이르게 된다.

많은 사람의 투기가 모이고 모여서 공진효과를 유발하고 거품을 형성하게 된다. 공진은 가격을 크게 상승시키는 효과를 말하는 것이다. 그 공진이 일정수준을 벗어나면 거품이 터지며 붕괴하는 것이다.

최근의 금융위기도 일부에서는 인간의 탐욕이 주요한 원인의 하나라고 지적한다. 자신의 이익만 좇고, 위험은 망각하고 고수익만 좇는 인간의 탐욕이 결국은 고위험의 파생상품을 성행하게 하였다는 것이다. 자산가치의

30배가 넘는 파생상품을 만들어 유통하다가 결국은 파국을 만들었다는 지적이다. 어느 정도 합리적인 분석인 것이 틀림없다.

그러나 파생상품은 본질에서 개별 상품 하나하나가 위기의 씨앗을 잉태할 정도로 위험한 것은 아니다. 또한, 그 상품을 구매하는 행태도 모두 탐욕적이라고 하긴 어렵다. 키코KIKO 상품의 개발자와 가입자를 모두 탐욕스런 사람들이라고 매도할 수는 없지 않은가. 모두 위험을 분산하고 수익을 극대화하는 행태를 보였을 따름이다. 파생상품은 오히려 다양한 기대를 하고 구매하는 것이기 때문에 가격 안정 효과가 있기도 한다.

따라서 최근 금융위기는 개인의 탐욕이라기보다는 수많은 주체의 행동이 모여 유발된 예기치 않은 공진효과 때문이라고 할 수 있다. 시장이 불안할 때 모든 사람이 같이 팔아버리면, 그 공진이 얼마나 주가를 폭락시키는가. 자신의 안정을 위해 모두가 다리의 진동에 발을 맞췄다가 공진효과로 교량이 붕괴한 것과 다를 바 없다. 이렇게 보면 시장은 서로 발을 맞추지 않는 다양한 사람들이 많이 있어야만 안정되는 속성을 가진 셈이다. (〈매경 이코노미〉, 2009. 1. 28)

08

유동성 부족이
위기를 불러온다

지금 당신의 지갑 속에는 얼마가 있나요? 아니면 통장에는 얼마나 들어 있나요? 아마도 두 군데 모두 텅텅 비어 있다면 초겨울 날씨처럼 을씨년스럽고 쓸쓸할 것 같다. 가진 게 없으면 마음이 편안하다고 한다. 하지만 그래도 그 경지에 오르지 못한 보통사람들은 하루 용돈이라도 두둑하게 갖고 있어야 편안하지 않겠는가. 아니면 결제일을 걱정하지 않아도 되는 신용카드 한두 개는 있어야 할 텐데…….

이런 마음이야 언제나 똑같은데, 왜 하필 요즘에 더욱 그렇다고 하는가. 당연히 이유가 너무나 많을 수밖에 없다. 몇 년간 정성스레 저축한 펀드는 반쪽도 남지 않아 날마다 불안한 마음으로 환매를 망설이고 있다. 결혼 자금까지 날아가서 혼사도 미루고 계까지 깨져 온 집안이 휘청거리는데 신문에는 매일 수조 원을 푼다고 야단이지 않는가. 전 세계가 금융위기를 타개하기 위해 푸는 돈이 아마 수조 달러가 넘을 텐데, 그 많은 돈은 어디로

다 가고 내 지갑은 텅텅 비어 있단 말인가. 지갑이 텅 빈 것도 서럽다. 그런데 그렇게 유동성이 많이 풀리면, 얼마 지나지 않아 물가 폭탄이 터지는 것은 아닌지, 이래저래 서민들의 걱정거리만 늘어간다.

그래서 오늘은 걱정거리 하나라도 덜어드리는 게 좋을 것 같다. 당장 인플레 걱정은 안 해도 되니 염려 마시라고. 2008년 11월 기준 금융위기와 불황의 공포가 엄습할 때는 과감하게 돈을 풀어야 경제가 안정을 찾을 수 있다. 왜, 그러한가. 경제학자들이 마법에 가까운 방정식을 찾아냈기 때문이다.

아주 쉽게 생각해보자. 1만 원짜리 물건이 10개 거래된다면, 총 지출액은 가격(1만 원)과 거래량(10개)를 곱해 10만 원이 된다. 이것은 언제나 성립하는 항등식이다. 그런데 이 개념을 경제 전체에 확대하면, 가격(P)과 거래량(T)을 곱한 것은 통화량(M)에 유통속도(V)를 곱한 것과 같게 된다. 즉, PT=MV, 바로 화폐의 교환 방정식이다.

이 방정식에서 찾아낼 수 있는 게 엄청나게 많다. 우선 경제 전체에 거래되는 양(T)이 같고 사람들의 지출행태가 큰 변화가 없어 화폐의 유통속도(V)도 같은 상태라고 하자. 이때 통화량(V)이 증가하면 어떤 결과를 가져오는가. 방정식에서 등호가 성립하려면 당연히 가격(P)이 화폐량에 비례해서 올라야 할 것이다. 그래서 통화량을 증가시키면 물가가 오른다는 사실을 간단히 설명할 수 있다. 물론 통화량이 증대한 만큼 거래량이 증대하거나 유통속도에 변화가 있다면 다른 얘기가 된다.

그런데 요즘엔 돈이 많이 풀려도 돌지 않는다고 한다. 이 방정식으로 설명한다면 유통속도가 급격히 떨어진 것이다. 이 상황에서 종전과 같은 거래량을 유지하려면 어떻게 해야 하나. 당연히 화폐량을 증대시켜야 한다. 만약 유통속도가 떨어졌음에도 통화 공급이 증가하지 않는다면, 가격이나 거래량이 급속히 떨어지게 될 것이다. 주변을 살펴보라. 지금 이런 현상이 여기저기서 나타나고 있지 않은가.

시장에서 거래량은 생산량과 같은 개념이고 가격에다 생산량을 곱하면 결국 국내총생산GDP이 된다. 바꿔 말하면 유통속도가 떨어지는데 유동성 공급이 원활하지 못하면 GDP가 급감한다는 얘기이니, 곧 경제가 침체된다는 설명이다. 물론 언젠가 유통속도가 빨라지면, 풀린 통화량이 물가를 자극하는 건 당연한 얘기다. 그때는 다시 긴축해서 돈을 거둬들여야 할 것이다.

그러나 지금은 너무 급하다. 인플레 걱정은 한가한 얘기다. 통화량을 대폭 늘려 주지 않으면, 실물경제가 침체하여 GDP가 급감하고 수많은 사람의 지갑을 텅 비게 할 것이다. 유동성을 늘려야 위기에서 탈출할 수 있다. 이것은 1930년대의 대공황을 불러온 긴축정책의 오류에서 얻은 교훈이다. (〈매경이코노미〉, 2008. 11. 19)

09

위기 예측 못하는
경제학자의 변명

언젠가 읽었던 인디언 부족 얘기가 생각난다. 겨울이 다가오자 인디언 마을에서 월동준비가 시작되었다. 병사가 경험 많은 추장에게 물었다.

"올겨울 땔감은 얼마나 장만해야 하는지요?"

추장은 조용히 기상청에 물어봤다.

"올겨울에는 얼마나 추울 것 같습니까?" "겨울인데 춥겠지요." 기상청의 답변은 애매했다. 하지만 추장은 병사를 불러 지시했다.

"올겨울도 상당히 추울 것 같다. 땔감을 많이 쌓아 만반의 준비를 다하라." 얼마 후 다시 병사가 찾아왔다. "추장님, 이 정도면 될까요?" "겨울은 항상 추운데 더 독려해라." 점점 온 마을에 땔감이 가득 쌓였다.

한 2주일 더 마련하고 병사는 다시 추장에게 확인했다. "추장님, 이제 그만할까요?" 추장도 답답하긴 마찬가지였지만, 그렇다고 어디서 명확히 얘기해주는 곳도 없었다. 큰소리로 위엄 있게 "네가 기상청에 직접 확인해서 결정해라.” 병사는 급히 기상청에 전화를 걸었다. “올겨울 날씨가……?” 이번엔 기상청의 답변이 너무 명확했다. “인디언 마을에서 겨울 땔감을 가득 쌓고 있는 걸 보니 올겨울은 엄청나게 추울 것 같습니다.”

일기예보를 신뢰하지 못하는 것은 인디언 마을에서도 예외가 아닌 모양이다. 그러나 경제학자는 기상청을 비난하지 않는다. 경제예측도 너무나 많이 틀리기 때문이다. 수많은 경제학자가 그렇게 열심히 연구하는데 왜 그렇게 미래를 예측하지 못하는 것일까? 경제 예측을 전문으로 하지는 않지만, 동업자로서 할 말이 없다.

그러나 경제학자들에게도 변명거리는 많다. 가장 중요한 것은 경제는 미래가 정해져 있는 게 아니라, 상황에 따라 수시로 변화한다는 사실이다. 다시 말하면 경제는 살아 있는 유기체로서 생명체와 같다. 생명체는 유전자 속에 이미 정해진 운명을 갖고 태어나기도 하지만, 살아가는 환경에 따라서 삶이 크게 달라질 수 있다. 주변 환경의 도전에 어떻게 대응하느냐에 따라 생명체의 운명이 결정되는 것이다. 생명체는 큰 질병에 걸려도 어떻게 치료하느냐에 따라 운명이 달라지지 않는가. 경제 역시 그런 유기체의 속성이 있다.

국민경제도, 기업의 미래도, 개인의 경우도 모두 마찬가지다. 똑같은 위기에 직면해서도 어떻게 대응하느냐에 따라 결과가 달라진다. 예측이 정확하려면 이런 속성을 모두 고려해야 한다. 그런데 정부와 모든 국민이 어떻게 움직일 것인가를 미리 안다는 것은 불가능하다. 그 많은 사람의 마음을 어떻게 경제학자가 읽을 수 있단 말인가. 그것은 경제학이 아니라 관심법觀心法이 필요한 분야다.

또한, 모든 예측은 과거의 자료를 바탕으로 이루어지는데, 경제는 항상 기술발전과 더불어 새로운 시스템으로 도약하고 있다. 과거 언제 우리가 글로벌 경제 속에서 발달한 IT 기술을 사용하며, 오늘날과 같은 물질적 풍요를 누릴 것을 상상해 보았는가. 이런 세상에서 누가 과거의 경험과 통계만으로 '검은 백조'와 같은 실현 불가능한 경제위기를 쉽게 예측할 수 있겠는가. 혹시 발생할 가능성을 알고 있다 해도, 지극히 낮은 확률의 사건을 예방하는 것은 쉬운 일이 아니다. 서브프라임과 파생상품도 학계에서는 오래전에 위험을 알리는 경고가 쏟아졌지만, 위기의 확률이 너무 낮아서 무시되었던 것이다.

경제의 미래는 학자의 예측에 달려 있지 않고, 정부와 경제주체의 신뢰와 정책에 따라 결정된다. 인디언 모두가 아무리 땔감을 많이 준비해도 기후를 바꿀 수는 없다. 그러나 경제는 다르다. 모든 사람이 은행을 믿지 못하고 예금을 찾기 시작하면, 그 은행은 손쉽게 무너진다. 바로 사람들의 신뢰 여부가 기업과 나라 경제의 운명을 좌우한다.

이제 예측이 틀린다고 너무 나무라지 말자. 경제의 미래는 바로 당신에게 달려 있다. 경제학자는 다만 현재의 문제를 해결하는 치료사일 뿐이다.

(〈매경이코노미〉, 2008. 11. 26)

10

케인스의
편지

"존경하는 대통령님께. 지금 대통령께서는 두 가지 문제를 동시에 안고 있습니다. 개혁과 경기회복을 동시에 달성하는 것입니다. 오랫동안 누적된 사회와 경제부문의 많은 문제를 개혁해야 하고 침체한 경기도 살려내야 합니다. 위기 극복에서 제일 중요한 것은 결단력과 신속성이며, 장기 목적을 갖고 정책을 추진해야 한다는 것입니다. 또한, 단기에 신속하게 성과를 나타내야, 그것을 바탕으로 장기 개혁과 경기회복을 지속해서 추진할 추진력이 생길 것입니다.

그런데 당장 생산을 늘리려면 개인의 소비나 기업의 투자가 증가해야 합니다. 평상시에는 이자율을 낮추거나 미래에 대한 확신을 심어주면 기업투자가 살아날 수 있지만, 지금과 같은 극심한 불황에서는 개인의 소비나 기업 투자가 늘어나기를 기대할 수 없습니다. 지금은 오직 정부 지출밖에 기대할 곳이 없습니다. 정부가 나서서 경기부양의 기폭제를 만들어야 합니다. 과감하고 신속하게 대규모 정부 사업을 추진하십시오. 예를 들면, 철도를 놓고 도로를 확장하는 일부터라도 먼저 시작하십시오.

금리를 낮게 유지하고 충분한 통화량을 공급하는 것도 중요합니다. 국채 이자율도 2.5퍼센트에서 더 과감히 낮추고, 과감한 신용경색의 완화조치를 단행해야 합니다. 낮은 금리로 충분한 신용을 공급해야만, 산출량이 늘어나고 일자리를 창출할 수 있습니다. 이런 과감한 정책을 통해 정부의 힘과 지혜를 국민이 믿게 해야 합니다."

혹자는 내가 우리 대통령께 보내는 편지로 착각할지 모르겠다. 하지만 이것은 1933년 12월 31일 영국의 경제학자 케인스가 〈뉴욕 타임스〉에 기고한 루스벨트 대통령에게 보낸 공개서한을 요약해본 것이다. 그는 대공황 당시의 미국 경제를 평가하며 19개 항목에 달하는 긴 편지를 보냈다. 그런데 흥미로운 것은 이 편지를 그대로 지금 우리 대통령에게 보내도 크게 손색이 없다는 것이다. 지금도 당시와 같이 정부가 유효수요를 늘려 경기를 부양하고 고용을 늘리는 정책이 절실히 요구되고 있기 때문이다.

실제 케인스의 이런 처방은 당시 경제학계에는 혁명적인 제안이었다. 고전학파가 주류를 이루던 당시 학계에서는 정부가 될 수 있는 대로 시장에 개입하지 않고 자율에 맡기면 경제는 곧 균형을 찾을 수 있다는 생각이 주류를 이루었다. 엄격한 화폐수량설에 따라 통화량을 늘리면 곧 물가상승이 뒤따른다는 논리 때문에 불황기에 통화량 증가는 상상할 수 없었다.

재정지출에 대한 견해도 마찬가지였다. 경기와 관계없이 균형예산을 편성하는 것이 가장 바람직하다고 생각했었다. 이런 오류 때문에 유효수요를 늘리기는커녕 오히려 통화를 환수하고 균형예산을 추진하는 정책의 오류를 범했다. 1929년부터 시작된 대공황은 이러한 정책실패 때문에 초기 몇 년간은 침체를 더 악화시키는 결과를 가져왔다.

경제학은 위기를 통해서 발전한다. 위대한 학자도 위기를 통해서 배출된다. 1930년 초의 공황은 케인스를 탄생시켰고, 루스벨트는 케인스의 실험적인 제안을 그대로 받아들여 테네시 벨리 프로젝트 등 과감한 재정사업을 통해 침체에 빠진 미국경제를 되살리는 데 성공했다.

지금 우리는 어떠한가? 시대는 바뀌었지만, 상황은 아주 비슷하다. 세계 전체가 모두 동반침체하고 있는 여건에서 쉽게 수출을 늘릴 수도 없다. 그렇다고 민간 기업이 투자를 자발적으로 늘릴 처지도 못 된다. 지금은 당연히 정부가 나서서 케인스의 처방을 따라 선제적이고 과감한 정부 프로젝트를 시행해야 한다. 케인스의 편지처럼 그런 사업을 통해 정부가 먼저 힘을 보여주고, 국민의 신뢰를 얻어야만 한다.

2008년 말 우리 정부는 어떠한가? 금융위기가 터진 지 벌써 오랜 시간이 지났지만, 아직도 국민은 고개를 갸우뚱하고 있다. 이제라도 마음을 가다듬고 케인스의 편지를 읽어보라고 권고하고 싶다. (〈매경이코노미〉, 2008. 12. 31)

11

어빙 피셔의
대실수

어빙 피셔Irving Fisher는 경제학계에 널리 알려진 세계적인 대가大家다. 그는 화폐량과 유통속도가 실물 거래량과 항상 일치한다는 교환 방정식을 제시했고, 이자와 자본에 관한 수많은 고전적 이론을 제시해 현재까지도 대표적인 화폐 금융학자로 추앙받고 있다. 그러나 그는 1929년의 대공황으로 한동안 재산은 물론 명예까지 모두 잃어버린 불운한 신세가 되었다.

대가 피셔가 왜 그렇게 추락했을까? 그것은 바로 주가를 잘못 예측했기 때문이었다. 1929년 주가가 대폭락하기 불과 며칠 전, 피셔는 "주가는 장기적으로 지속할 고원지대에 진입했다"고 예언했다. 10월 21일에는 주가가 '미세조정을 거치면서' 더 오를 것이라 단언하고, 실질가치를 향해 지속해서 상승할 것이라고 진단했다.

그리고 10월 23일에는 주가가 너무 폭등했다는 일부의 우려에도 "주가가 아직도 제 가치를 찾지 못했고, 버블이 발생한 것도 아니다"고 언급했다. 그러나 며칠 후 검은 월요일, 주가가 대폭락해 그의 명예는 땅에 떨어지고 말았다. 그럼에도 피셔는 수개월만 지나면 곧 회복할 것이라고 역설했지만, 기다리고 기다리던 주가 반등은 수년이 지나서야 이루어진 셈이다. 이 사건으로 피셔는 지금도 역사상 가장 큰 실수를 한 경제학자로 지적될 때가 잦다.

피셔는 당시에 주가 회복이 더뎠던 이유를 부채 디플레이션debt deflation 가설로 설명하며 새로운 시도를 했지만, 이미 사람들은 그의 소리에 귀를 기울이지 않았다(그 이론은 1980년대 금융위기와 함께 재평가받게 되었다). 난세에는 영웅이 등장한다고 했던가. 대가 피셔가 사라진 자리에는 당시 무명이었던 케인스가 등장해 공황에서 탈출할 수 있는 정부 지출 확대 정책을 주창해 주목을 받기 시작했다.

경제가 어려울수록 사람들은 언제, 어떻게 회복되느냐에 관심이 많다. 또한, 저명한 연구소나 대가들은 단정적인 예측을 하고 싶은 유혹이 많을 것이다. 그러나 피셔 이후 대가들의 단정적인 예측은 더는 찾아보기 어렵게 되었다. 상황이 지속해서 변하기 때문에 정확한 예측은 거의 불가능하고, 가능하다 해도 그것은 과학이 아니라는 사실 때문이다.

그럼에도 무언가 예측이 필요하다면, 몇 가지 가설을 제시할 수밖에 없다. 가장 많이 나오는 가설은 U자형 가설이다. 즉, 2009년 하반기에 들어서 U자처럼 회복할 것이라는 예측이다. 그렇지만 V자나 W자도 등장한다. 국제적인 공조와 파격적인 구제금융, 부양조치 등으로 1/4분기 이후에 경기가 급반등할 것이라는 얘기다. 그러나 워낙 돈을 많이 풀고, 천문학적인 부양정책이 시행되고 있기 때문에 회복이 된다 해도 인플레이션 후유증을 앓게 된다면, 이중 바닥 형의 W형 회복이 유력하다고 한다. 물론 일각에서는 단기 침체를 거친 후 급반등하는 J자형 회복을 예측하기도 한다.

그래도 이런 가설들은 희망적이다. 일본처럼 장기 불황을 겪으리라 전망하는 사람들은 L자형을 말하고 있고, Q형을 주장하는 이도 있기 때문이다. Q형 가설은 로마제국의 멸망이나 산업혁명 때처럼 O자의 정태적인 기존 체제에서 탈피해서 Q의 꼬리(~)처럼 등락을 거듭하며 새로운 시스템으로 이행한다는 가설이다.

실제로 미국 경제를 볼 때 1929~1941년의 대공황 회복기에는 W자형에 가까웠고, 1979~1982년도 약한 W자를 그렸다. 후자는 오히려 두 번째 침체가 더 심하게 나타났다. 최근에는 U자형의 경기순환이 많이 등장했다.

2009년 우리 경제는 어떤 패턴을 나타낼까? 그래도 L자만 아니라면 언젠가 회복의 햇살이 스며들지 않겠는가. 그러나 누구든 피셔의 실수는 되풀이하지 말자. (〈매경이코노미〉, 2009. 1. 10)

값싼 전기
요금의 저주

난데없이 겨울 전력 대란의 조짐이 보이고 있다. 혹한에 전력수요가 증가하는 것은 당연하지만, 그 원인이 주유소 기름값처럼 아주 '묘한' 곳에서 출발하고 있다. 난방용 등유보다 전기요금이 훨씬 더 저렴해 너도나도 값싼 전기난방을 즐기고 있기 때문이다. 석유를 전기로 바꾸려면 60퍼센트가량의 열 손실이 발생한다는데, 그렇게 만든 전기가 석유보다 싸다니 누군들 전기를 쓰지 않겠는가. 일견 선진국의 모습처럼 보인다. 청정에너지인 전기를 많이 써서 녹색성장에 앞장서고 있기 때문이다. 그런데 과연 어떻게 값싼 전기를 지속해서 공급할 수 있겠는가? 원가에 미달해 누적되는 적자는 누가 보상한단 말인가?

실제로 한국의 전기요금은 선진국에 비해서도 엄청나게 싸다. 우리 요금을 100이라고 할 때 일본은 242, 영국 221, 프랑스 170, 미국은 138이며, 캐나다만 우리보다 약간 싼 93을 지급하고 있다. OECD 전체에서 한국은 주거와 산업용이 각각 세 번째와 두 번째로 저렴하다고 한다. 원가 회수율도 주택용은 93.7퍼센트, 산업용은 96.5에 달하지만, 농업용과 심야 전력은 각각 36.5퍼센트와 73.6퍼센트에 불과하다.

좋은 품질의 전기를 값싸게 공급한다면 싫어할 사람이 어디 있겠는가. 그것도 공기업이 공급하니 적자를 걱정할 필요도 없다. 그래서 매년 전기요금은 물가안정 차원에서 정책적인 관리 대상이 된다. 원가 상승요인이 발생해도 가격에 제대로 반영되지 못하는 것이다. 그 손해는 결국 누가 부담하겠는가. 당장 신규투자가 제약을 받고, 적자는 언젠가 국민의 세금으로 메워지게 될 것이다.

경제학에서는 가격이 원가를 보상하지 못하면 비효율적인 자원배분이 발생한다고 한다. 왜 비효율적일까? 전기를 사용한 수익자와 비용을 내는 사람이 달라지기 때문이다. 이것은 공정하지도 않다. 엉뚱한 사람이 쓴 전기료를 내 세금으로 부담하니 그것을 공평하다고 받아들일 수 있겠는가.

시장의 왜곡은 여기에서 끝나지 않는다. 국내총생산GDP 대비 한국의 전력사용량은 OECD 평균의 1.7배에 달하는데 이웃 일본은 0.61배에 불과하다. 우리처럼 전력을 낭비하는 나라를 찾아보기 어렵다. 결과적으로 에너지 의존도가 높아지고, 유가 등 에너지 가격이 상승할 때 가장 큰 타격을 받게 된다. 이 모두 원가에 미달하는 값싼 전기요금이 가져온 부메랑인 셈이다.

자원배분의 효율성을 높이기 위해서는 당연히 원가에 연동해서 가격을 현실화시켜야 한다. 석유 한 방울 나지 않은 구조적 특성을 반영해 절약을 유도한다면 일본처럼 거기에 '알파'를 더해야 한다. 그래야 모든 산업의 에너지 효율성이 높아진다. 나아가 전력산업의 경쟁을 활성화해 원가를 낮추어야 한다. 이 모두 공기업의 독점체제로는 달성하기 어려운 현안이다.

이런 문제를 구조적으로 해결해줄 수 있는 최선의 정책이 바로 전력산업의 민영화다. 10년 전 DJ 정부는 외환위기 극복을 위한 비장의 무기로 진보적인 정치철학을 무색하게 할 정도로 전력의 민영화를 적극 추진했다. 그러나 노무현 정부에서는 민영화의 '민' 자도 거론되지 못했고, 시장 친화적인 개혁을 기치로 출범한 이명박 정부는 아직도 묵묵부답이다. 최소한 1개 전력회사만이라도 민영화되어야만 원가경쟁도 가능하고, 가격도 제대로 책정될 수 있을 것이다.

값싼 전기요금이 각 소비자에게는 축복이 될 수 있어도 국민경제 전체에는 큰 재앙이 될 수도 있다는 사실을 잊지 말아야 한다. 특히 공기업이 제공하는 서비스가 원가 이하로 공급될 때는 누군가가 엄청난 비용을 지급해야 한다. 이것은 무상 복지를 경계하는 논리와 다를 바 없다. (〈매경이코노미〉, 2011. 2. 16)

FRB가 양적 완화에 실패한다면

미국 연방준비제도이사회FRB가 양적 완화QE(Quantitative Easing) 정책을 시행한다고 발표했다. 최근 미국 경제는 2008년부터 시행된 긴급 재정지원 정책의 효과 감소와 유로화 사태 이후의 세계시장 불안 등으로 다시 침체 기미를 보이고 있다. 이런 상황에서 FRB는 경제의 재침체를 방지하기 위해 양적 완화 정책으로 적극 개입하겠다고 나선 것이다.

2010년 11월 초 회의에서 규모가 결정될 것으로 보이지만, 많은 전문가는 약 1조 달러의 양적 완화를 전망하고 있다. 지난 2008년 글로벌 위기에 대응해 시행된 긴급 재정지출의 규모가 7,000억 달러 수준이었던 것에 비하면 엄청나게 큰 규모인 셈이다. 미국의 양적 완화 정책에 따라 달러 가치는 급락하고 있고, 선진국에서 밀려드는 유동성으로 신흥공업국들도 크게 긴장하고 있다. 이자율이 떨어지고, 자국 통화의 가치가 상승하며, 유동성 과잉으로 말미암은 불안정성이 크게 확대되고 있기 때문이다.

과연 FRB의 양적 완화 정책이 실패로 돌아간다면 세계경제는 어떤 타격을 받을 것인가? 우선 긍정적 효과부터 생각해보자. FRB가 국채를 사들이며 달러를 천문학적으로 풀게 되면 당연히 미국의 금리가 떨어진다. 주택시장의 담보대출 금리도 떨어지고, 기업 투자가 늘며, 소비지출도 증가할 것으로 기대된다. 대체로 총수요를 증가시키는 효과가 있어 모든 분야에서 인플레이션을 자극할 수 있다. 현재는 인플레이션 우려가 거의 없다지만, 돈이 많이 풀리면 시간을 두고 부메랑이 돼 돌아오기 마련이다. 그러나 FRB는 오히려 인플레이션을 유발해 경기를 살리려는 큰 모험을 감행하고 있는 것이다.

인플레이션이 발생하면 경기가 살아나고, 개인과 기업은 물론 국가 부채도 탕감되기 때문이다. 채권자가 부채를 인위적으로 탕감시키는 것이 아니라, 인플레이션으로 말미암은 명목가치 하락으로 부채 부담이 감소한다. 지금 미국 경제의 문제는 모두 과다한 부채에서 비롯되지 않았는가. 따라서 인플레이션은 경기를 살리고 부채를 경감시켜주는 두 가지 역할을 모두 할 수 있다. 이런 관점에서 보면 FRB의 정책은 필요하다.

그러나 이에 대한 반대도 만만치 않다. 양적 완화의 궁극적 목표는 결국 소비자가 지갑을 열게 하는 것인데, 그 효과가 그리 크지 않을 것이라는 견해다. 금리 인하의 혜택을 가장 많이 보게 될 가계 입장에서는 이미 주택담보대출이 부도 직전에 이르고 있어서 추가 금리 인하 효과가 미미하다는 것이다. 또한, 경기 전망도 밝지 않아 이런 상황에서 이미 초저금리인 데서 약간 내려온다 해도 별 영향을 못 미칠 것이라는 진단이다.

오히려 정부가 적극 나서서 소비자가 지갑을 열도록 일자리도 만들어

주고, 소득도 창출시켜야 한다는 것이다. 세금을 더 인하해주거나 공공정책을 시행하고, 세금 일부를 되돌려 주는 택스 크레디트tax credit 정책 등을 시행해야 한다는 것이다. 그러나 미국의 재정적자가 2010년에도 1조 달러를 넘어선 상황이라 의회가 나서서 재정확대를 기대하기도 어렵다.

만약 FRB의 양적 완화가 성공하지 못한다면 어떤 상황이 벌어질까? 당연히 달러화는 폭락하고 다른 통화들은 가치가 절상될 것이다. 기축통화의 가치가 불안해지면서 세계시장 질서가 또 한 번 크게 요동칠 것이다. 세계 전체가 실물경기의 회복보다는 유동성 증대에 따른 거품으로 큰 몸살을 앓게 될 것이다. 그래도 우선은 FRB의 솜씨를 믿어보자. (〈매경이코노미〉, 2010. 11. 3)

밀턴 프리드먼이
그리운 이유

통화론자의 대부, 시카고학파의 거두, 노벨경제학상 수상자, 작은 정부를 주창하는 보수 자유시장경제학자 등 밀턴 프리드먼Milton Friedman에 대한 지칭은 수없이 많다. 일부는 금융위기가 자유시장경제의 실패 때문이라고 그를 맹렬히 비난하기도 하지만, 'Money matters(돈이 문제로다)'라는 그의 명언은 누구에게나 적용되는 말 아니겠는가.

드디어 한국도 2009년 2월 이후 17개월 만에 기준금리를 0.25퍼센트포인트 인상함으로써 본격적인 출구전략을 향해 발을 내딛게 됐다. 과연 적절한 조치였을까, 아니면 너무 늦은 것일까? 물론 너무 빠르다는 주장도 배제할 수 없다. 금리 인상의 적정성 여부를 어떻게 평가해야만 하는가?

이 질문에 대한 정답은 답답하긴 하지만 지금 당장은 평가할 수 없다는 것이다. 두 가지 이유 때문이다. 첫째, 경제는 살아 있는 생명체처럼 지속해서 변화하기 때문이다.

따라서 금리 인상에 대한 평가는 앞으로 경제 환경이 어떻게 변화하는가에 따라 달라질 수 있다. 둘째는 통화정책의 효과가 상당한 시차를 두고 나타나기 때문이다. 적어도 3개월에서 18개월 사이에 정책효과가 나타나는 것으로 분석된다.

정책의 적정성 여부를 따져야 한다면 성장률과 물가수준을 고려할 수밖에 없다. 한국의 성장률은 이미 5퍼센트를 넘어섰고, 일부에서는 7퍼센트가 넘을 것으로 예측하고 있다. 물가상승률은 3퍼센트 내외를 나타내고 있다. 따라서 2퍼센트의 금리에서는 실질금리가 마이너스이고, 5퍼센트의 성장률은 이미 잠재성장률을 넘어서고 있다. 잠재성장률이란 경제가 물가 상승을 유발하지 않고 성장할 수 있는 최대치를 의미한다. 이렇게 평가해보면 2퍼센트 수준이 너무 낮다는 것을 알 수 있다. 오히려 금리 인상이 좀 늦은 감이 있다.

그럼에도 금리 인상에 그렇게 주저한 이유는 어디에 있는가. 앞으로의 불확실성 때문이다. 행여 금리 인상을 단행했다가 돌발변수가 발생해 경제가 다시 침체할 수도 있고, 일부 중소기업이나 내수 부문에서는 아직 회복의 기미가 나타나지 않고 있다. 이런 여건에서 금리 인상이 또 다른 경기침체를 불러온다면 정치·사회적인 비난을 피할 수 없을 것이다.

실제로 금리조정에 대한 평가는 상당한 시간이 지난 후에 뒤바뀌는 경우가 많다. 대표적인 사례가 바로 미국의 연방준비제도이사회FRB 의장 볼커Volker와 그린스펀Greenspan이다.

1979년에 취임한 볼커는 '공적公敵 인플레이션'을 잡기 위해 금리를 12퍼센트로 인상하는 '토요일 밤의 학살'을 단행했고, 이어 1981년에는 20

퍼센트까지 끌어올렸다. 바로 수없이 많은 기업이 파산하고 실업률은 10퍼센트로 급등했다. 볼커는 당시 엄청난 비난을 받았지만, "인플레이션을 퇴치해야 불황을 극복한다"는 주장이 그대로 적중해, 몇 년 후부터 미국경제는 역사상 최대 호황을 맞게 된다.

반대로 그의 뒤를 이은 그린스펀은 전혀 다른 정책을 선택했다. 저금리와 금융완화로 한때 '금융황제'로 칭송받았지만, 닷컴 버블과 부동산 거품을 촉발하고, '100년 만의 위기'까지 불러왔다.

금리를 내리기는 쉽지만 올리는 일은 만만치 않다. 때로 중앙은행은 외롭고 고통스러운 결정을 해야 한다. 중앙은행의 독립성이 필요한 이유도 여기 있다. (〈매경이코노미〉, 2010. 7. 28)

래퍼 커브와 감세 논쟁

소득세율이 0퍼센트라면 당연히 정부의 세수도 0이 될 것이다. 반대로 세율이 100퍼센트라면 어떻게 될까? 이것 역시 세수는 0이 될 것이다. 세금으로 100퍼센트 걷어간다면 누가 일을 하겠는가. 그렇다면 세금을 가장 많이 거둘 수 있는 세율은 몇 퍼센트일까? 분명 0퍼센트보다는 많고 100퍼센트보다는 작을 것이다. 따라서 세율이 0퍼센트보다 높아지면 세수는 점차 늘어나겠지만, 일정 수준을 넘으면 오히려 세금이 점차 줄어들게 된다. 그렇다면 세수를 최대화시킬 수 있는 세율은 과연 몇 퍼센트가 될까?

미국의 경제학자 래퍼A. B. Laffer 교수는 1974년 어느 날 체니D. Cheney 와 럼스펠드D. Rumsfeld 등과 식사를 하며 세율과 세수의 관계를 냅킨 위에 그리며 설명했다고 한다. 당시 포드 미국 대통령의 증세 정책을 논의하면서 제기했던 래퍼 교수의 이론이었다. 후에 체니는 부통령이 되었고 럼스펠드는 국방장관이 되었으니 그 모임은 VVIP들의 토론이었던 게 분명하다. 그러나 그 자리에서는 래퍼 교수의 이론이 별 관심을 끌지 못했었다고 한다.

래퍼 교수의 설명을 그림으로 그려보자. 세율을 수평축에 놓고 세수를 수직축으로 삼으면 2차 함수의 커브처럼 산등성이를 올라가다 내려오는 모양이 된다. 이것이 바로 래퍼 곡선Laffer curve이고, 레이건 미국 대통령의 감세정책을 뒷받침한 이론으로 널리 인용되었다. 특히 그의 감세정책은 미국경제를 호황으로 이끄는 계기가 되어 전 세계의 주목을 받았다.

세율이 높아지면 초기에는 세수가 늘어나다가, 일정 수준이 넘으면 오히려 감소할 것이라는 추정은 누구도 부정하기 어렵다. 그러나 세수가 가장 많아지는 그 시점이 문제 아니겠는가. 꼭짓점에서의 세율은 과연 얼마일까? 만약 현재의 세율이 그 수준을 넘지 않았다면 세수 증대를 위해서 세율을 올려야 한다. 반대로 그 수준을 넘은 것이라면 감세減稅가 오히려 세수증대에 도움이 된다.

이 경우 감세는 소비와 투자를 촉진해 경기를 부양하고, 고용과 소득을 창출하므로 세금 수입도 늘어난다는 논리다. 그런데 문제는 적정 세율 수준을 파악하는 것이다. 물론 래퍼 커브는 이론적으로는 흠이 없지만, 현실적으로 그 수준을 정확히 제시하지 못한다. 국가마다 다른 실증적인 문제이기 때문이다.

2011년 5월 우리도 감세 논란에 휩싸여 있다. MB 노믹스의 근간이 되어 왔던 감세론을 여당에서조차 반대하고 나선 것이다. 특히 개인 소득 8,800만 원이 넘는 '부자 감세' 철회와 2억 원이 넘는 법인세의 인하 문제가 논란의 핵심이다. 이 논쟁을 종결시키려면 래퍼 커브에 따라 감세의 경기 부양 효과가 나타날 것인가를 판단해야 한다.

기준은 물론 두 가지다. 세율과 최고세율을 적용하는 부자의 기준이다. 세율은 상대적이라서 논란이 많겠지만, 부자 기준이 너무 경직적인 것은 사실인 것 같다. 1996년에 제정된 8,000만 원의 부자 기준은 지금까지 겨우 10퍼센트 인상되어 오늘에 이르고 있다. 그러나 소득은 96년 이후 2.4배 이상 증가했다. 경제는 성장했는데 부자 기준은 거의 조정되지 않은 셈이다. 특히 경기부양 효과가 큰 법인세는 더욱 그러하다. 기업규모는 급속하게 신장하는데 아직도 이익 2억 원이 넘는 기업에 최고세율을 부과하고 있으니, 이것 역시 서둘러 조정해야 하지 않겠는가.

이런 문제를 근본적으로 해결하려면 선진국처럼 과세표준을 물가 상승률에 연동하고, 과세구간도 경제규모에 맞게 신축적으로 조정해야 한다. 이렇게 되면 매년 되풀이되는 부자 감세 논란이나 세금 갈등을 어느 정도 없앨 수 있을 것이다. (〈매경이코노미〉, 2011. 6. 1)

16

등록금상한제의
환상

최근 한국의 대학은 사면초가에 빠져 있다. 당장 정원을 채우지 못하는 대학이 수두룩하고, 애써 대학을 마친 후에도 일자리를 찾지 못한 '백수'가 즐비하다. 그럼에도 아직도 대학의 문은 좁기만 하다. 치열한 입시 전쟁으로 가계는 여전히 사교육비에 휘청거리고 있다.

일부 계층은 이런 제도에 염증을 느껴 아예 이 땅을 포기하고 있다. 몇 배 비싼 국외 등록금은 아랑곳하지 않고 유학생은 날로 늘어만 가고 있지 않은가. 미국의 주요 대학에서는 한국인이 우리보다 인구가 27배나 많은 중국과 1, 2위를 다투고 있다고 한다. 이런 이유가 겹쳐 작년의 서비스 적자는 무려 170억 달러를 넘었다. 물론 열린 세상에서 좋은 교육을 좇아 떠나는 이들을 누가 뭐라 하겠는가. 언젠가 모두 조국의 동량棟梁으로 크게 이바지할 인재들 아니겠는가.

오히려 이런 와중에서 가장 심각한 곤경에 빠진 당사자는 바로 한국의 대학이다. 정원 미달로 간판을 내릴 수밖에 없는 운명의 시간이 가까워지고 있기 때문이다. 일부에서는 중국 학생에 의존해 연명하려 하지만, 경쟁력이 뒷받침되지 않는 그런 편법이 얼마나 지속할 수 있겠는가. 대학의 글로벌 경쟁력에 대한 사회적 압력도 드세지고 있지만, 이것 또한 만만치 않은 일이다. 어떻게 맨손으로 짧은 시간에 교육의 수월성과 사회적 적합성을 높일 수 있겠는가.

게다가 최근에는 등록금상한제까지 걸어놓았으니 우리 대학의 앞날은 갈수록 암울하기만 하다. 가격을 규제하면 품질이 나빠지는 건 너무나 당연한데, 등록금 의존율이 65퍼센트를 넘는 사립대학을 그런 제도로 묶어 놓았으니 무엇을 더 기대할 수 있겠는가. 일부에서는 드디어 등록금 규제에 성공했다고 쾌재를 부르지만, 과연 어디에서 가격 규제로 뜻을 이룬 사례를 찾아볼 수 있겠는가.

입법의 근거로 제시됐던 등록금 비교도 단순한 오류에서 크게 벗어나지 못하고 있다. 경제협력개발기구OECD 자료로는 한국의 국립대학 등록금이 상위에 있는 건 사실이지만, 사립대학은 비교할 수 없을 정도로 낮기 때문이다. 미국의 사학과 견주어보면 아무리 소득수준을 고려해도 우리 등록금과는 현격한 차이가 있다.

나아가 정부의 재정지원을 배제한 이런 논쟁은 쓸데없는 숫자 놀음에 불과하다. 실질적인 부담금을 알려면 등록금과 대학에 대한 정부 지원을 함께 비교해야만 한다. 실제로 그런 자료를 공개하면 매우 놀라운 결과를 발견하게 될 것이다. 우리처럼 정부의 사학 지원이 적은 나라를 찾아볼 수 없기 때문이다. 정부 지원이 많아지면 당연히 등록금은 내려가지 않겠

가. 4대강 사업비의 4분의 1만 투자해도 등록금이 반값으로 내려간다는 주장도 있다.

우리가 선진국으로 도약하려면 대학은 적어도 다음 조건을 갖추어야 한다. 즉 소외계층도 학비 걱정하지 않고 다닐 수 있는 세계적 명문을 적어도 몇 개는 만들어야 한다. 그러나 안타깝게도 등록금상한제는 이 목표를 달성하는 데 아무런 도움도 주지 못하는 또 하나의 규제에 불과하다.

문제의 핵심은 어디서든 대학에 투자할 재원을 확보해서 대학마다 자율적인 특성화를 유도하는 데 있다. 대학교육이라는 공공서비스에 언제까지 정부가 지원을 외면할 것인가. 대학에서 길러진 전문인력과 고급기술이 몇천, 몇만 명의 일자리를 창출하지 않는가. 자율과 지원은 외면한 채 획일적인 규제만 강화하면 붕어빵 대학만 양산하게 될 것이다.

이제 대학 정책도 패러다임을 획기적으로 바꿔 보자. 수십 년 동안 선거 때만 외치던 자율화도 실천해보고, 정부 지원도 선진국 수준으로 늘리자. 그것도 아니라면 차라리 모든 걸 대학이 알아서 하라고 맡겨보자. 선진국의 성공 모델을 왜 우리만 외면하며 거꾸로 가고 있는가. (〈매일경제〉, 2010. 2. 5)

17

폭스콘 효과와
위안화 절상

2010년 6월은 글로벌 경제에 또 하나의 역사적 변화를 만드는 전기가 되었다. 세계경제가 워낙 급격하게 변동해 조용히 지나가는 달이 없긴 하지만, 이 해 6월에는 오랜 시간에 걸쳐 상당한 영향을 미칠 변화가 중국에서 일어났다. 그것은 바로 위안화 절상과 노동정책의 변화다.

위안화 정책의 변동은 오랫동안 논란을 빚어 온 내용이라 누구나 쉽게 알 수 있다. 글자 그대로 변동환율제 도입을 통해 위안화 절상을 용인하겠다는 환율정책의 변화를 의미한다. 당장은 절상 폭이 낮아 큰 파문이 미치지 않을지 몰라도, 중국과 교역하는 모든 나라에 엄청난 영향을 주게 된다. 위안화 가치가 상승함으로써 나타나는 가장 큰 효과는 중국 제품은 더 비싸지고, 중국의 수입은 더 늘어나게 될 것이라는 점이다.

따라서 중국에 수출하거나 중국제품과 경쟁하는 기업들은 상당한 득을 보게 될 것이다. 반대로 중국 소비자들은 국내에서 외국 제품을 종전보다 더욱 값싸게 살 수 있으므로 수입을 확대하게 될 것이다. 이런 현상이 확대되면 중국의 내수시장은 활성화되고, 인플레이션 압력도 줄어들게 된다. 중국의 수입이 늘어날수록 중국은 세계의 소비시장으로 변모하게 될 것이다. 그동안 중국은 값싼 제품을 대량으로 제조해 전 세계에 공급하는 세계 공장의 역할을 담당해 왔다. 그런데 그 공장이 이제는 어엿한 소비시장으로 바뀌는 것이다.

이와 함께 중국은 위안화 결제를 국제적으로 확대해 세계 통화로서의 위상을 지속해서 강화하게 될 것이다. 실제로 지금 모든 국제통화는 불안한 상태에 있기 때문에 위안화 세계화 정책은 상당한 탄력을 받을 것이다. 달러화는 물론 엔화, 유로화, 파운드화가 모두 중병에 걸려 있지 않은가.

이처럼 중국의 환율정책 변화는 세계 교역구조를 점진적으로 바꿔주는 역할을 하게 될 것이다. 중국의 수입확대로 미국과의 불균형 축소도 기대할 수 있다. 그러나 세계 시장에서의 중국제품은 더는 값싼 물건으로 거래되지 않게 될 것이다.

한편 위안화 못지않게 중요한 정책변화가 바로 임금정책이다. 2010년 6월 중국에 진출해 있는 대만계 회사 폭스콘Foxconn Interna-tional Holdings에서는 외국기업으로는 처음으로 노사분규가 발생했다. 폭스콘은 중국 본토에서 30만 명을 고용하고 있는 세계적인 전자부품회사다. 대만의 본사는 훙하이 정밀HonHai precision로 인텔, 노키아, 애플 등 세계 주요 전자기업에 부품을 공급하는 거대기업이다.

10여 명의 사상자를 낸 최초의 외국인 투자기업 노사분규에서 결국 임금을 30퍼센트 인상하고, 목표 달성 상여금으로 60퍼센트까지 더 지급한다는 합의가 이루어졌다. 이후 도요타를 비롯한 많은 외국인 투자기업에서 분규가 확산되었고, 중국 정부는 과거와는 달리 "이제 중국 근로자들의 임금도 인상되어야 한다"는 태도를 보였다. 이어서 최저임금을 상향하고, 과거와는 달리 외국기업도 노사협약을 통한 임금협약의 체결을 유도하고 있다.

이러한 노동정책의 변화가 주는 의미는 무엇인가? 중국은 곧 저임금 국가에서 탈피할 것이고, 위안화 가치 상승과 더불어 중국 제품의 가격 상승이 곧 현실화될 것이라는 점이다. 실제로 과거 세계경제는 중국의 저렴한 제품에 힘입어 인플레 없는 안정을 유지해 왔다. 그런데 이제 그 체제가 곧 종언을 고하게 될 것이라는 징조가 나타나고 있는 것이다.

여기에 세계경제의 회복이 맞물린다면, 그동안 풀린 천문학적인 통화와 재정지출까지 가세한다면 인플레는 또 하나의 큰 복병으로 등장할 것이다. 이런 이유 때문에 2010년 6월에 중국에서 일어난 일은 심상치 않아 보인다. (〈매경이코노미〉, 2010. 7. 14)

18

경기예측의
경제학

기상학자와 경제학자는 모두 예측을 잘 못하는 공통점이 있다. 그래도 기상학자가 더 낫다고 한다. 그 이유는 기상학자는 그래도 현재의 일기는 알고 있는 데 비해 경제학자는 현재의 경기상황도 모른다는 것이다. 옳은 말이다. 경제지표는 1~2개월 지난 후에 집계되는 경우가 많기 때문이다. 반대로 기상청보다는 경제연구소가 더 멀리 보는 안목이 있다고 한다.

기상청은 하루 예보도 틀릴 때가 잦고, 길어도 한두 달의 장기예보뿐인데, 경제는 몇 년에 걸친 장기예측을 하기 때문이다. 변동성이 너무 큰 현상을 예측하다 보니 두 기관은 호형호제일 때가 잦은 것 같다.

예측이 맞지 않는 경우가 많다고 가정한다면, 틀리더라도 피해가 작은 전망을 하는 것이 안전할 것이다. 그래서 기상청은 폭설이나 폭우 등을 예보하는 경우가 많은 것일까? 비가 많이 오지 않으리라 예측했다가 큰 비가 오면 엄청난 피해와 함께 비난이 쏟아질 것이니, 차라리 안전을 선택하는 것이 현명하리라. 같은 이유로 경제를 예측할 때도 기업 연구소들은 대체로 성장률을 낮게 내놓는다는 주장도 있다. 경제가 어려울 것이니 미리 대비해서 준비하라는 예고인 셈이다. 그러다 경제가 예상보다 더 좋아져도 누가 뭐라 하겠는가.

반대로 정부나 관변 연구소들은 오히려 예측에 희망을 추가하는 경향도 있다. 흔히 '알파'를 가미한다고 한다. 정책 의지를 반영할 뿐만 아니라, 비관적으로 예측하면 현재의 정부 업적을 깎아내릴 수도 있기 때문이리라. 물론 '알파'를 추가하는 경제적 논리도 있다. 경기는 개별 경제주체의 의지와 행태가 모여서 결정되기 때문에 적극 움직이게 유도해야 실제 경제에 좋은 영향을 미친다는 것이다.

예를 들어 기업이나 소비자가 새해 경제를 어둡게 본다면, 당연히 투자와 소비가 위축되지 않겠는가. 이것은 결국 실제 경기를 위축시키는 결과를 가져온다. 따라서 소비자가 경제를 밝게 볼 수 있게 긍정적인 정보를 전달해야 하는 것이 오히려 바람직하다는 논리다. 물론 기업이나 소비자는 두 번 속지 않는다. 만약 어떤 기관의 예측에 항상 '알파'가 담겨 있다는 걸 알게 되면, 소비자는 이미 그 정보를 신뢰하지 않을 것이다.

실제로 정부는 대체로 다른 기관보다 더 높은 성장률을 전망하는 경우가 많다. 당장 2011년 경제도 우리 정부는 5퍼센트 내외의 성장 전망을 제시해 가장 높은 수치를 제시했다. 제대로 달성되면 그지없이 좋은 일이지만, 알파가 지나치게 강조되면 공약으로 말미암은 신뢰의 상실이 누적될 수도 있다.

그렇다면 경기예측의 신뢰성은 더 높아질 수 없을까? 과학이 발달하고,

경제학의 분석기법도 더 정교해지는데 왜 예측은 자주 틀리는 것일까? 그
것은 경제의 속성에 물어봐야 한다. 경제는 한마디로 살아 있는 생명체다.
수시로 변화하는 환경에 반응해 돌연변이를 일으킬 수도 있고, 유전적 요
인에 의해 미래가 결정되는 경우도 많다. 경제의 유전적 요인은 구조적 특
성이다. 이 부분은 대체로 쉽게 예측된다. 인구구조의 변화 성격과 잠재성
장을 결정하는 요인 등은 쉽게 파악할 수 있지 않은가.

그러나 환경적 요인은 전혀 그렇지 않다. 어느 날 갑자기 북한이 연평도
를 공격하고, 이라크에서 어떤 사태가 발발하고, 뉴욕의 큰 은행이 파산하
는 등 이 모든 것을 고려하는 예측모형은 앞으로도 존재하기 어렵다. 현재
까지 전혀 알려지지 않은 새로운 현상The unknown unknown도 예측능력을
크게 저하시킨다. 경제의 글로벌화에 따라 이런 불확실성도 더 증가하고
있기 때문에, 예측의 정확성을 높이는 것은 그만큼 더 어려워지고 있다.
(〈매경이코노미〉, 2011. 1. 5)

2장

삶의 지혜를 키우는 경제 지식

방정식 하나가
불러온 글로벌 위기

최근의 경제위기를 불러온 원인은 무엇일까? 전 세계를 긴장시키고 있는 신종 인플루엔자처럼 문제의 바이러스를 찾아낼 수 있다면 얼마나 좋겠는가? 그러나 경제위기의 원인은 백가쟁명이다. 작게는 파생상품이나 신용부도스와프Credit Default Swaps에서부터 크게는 자본주의와 자유주의의 모순에 이르기까지 각양각색이다. 따라서 처방도 다양하다. 경제학 교과서를 완전히 다시 써야 한다는 주장에서부터, 찻잔 속의 태풍에 불과하다는 시각도 있다.

그럼에도 이번 위기의 주범으로 가장 많이 회자하는 것이 바로 서브프라임과 그것의 이론적 토대를 만들어준 금융공학financial engineering이다. 그 중 서브프라임은 워낙 많이 거론되었고, 주택저당과 관계있는 용어라서 이제 그렇게 낯설지 않다. 반면 금융공학은 누구에게나 아직도 생소하기만 하다. 금융과 공학의 결합은 어울리지도 않고, 어쩐지 멋대로 만든 것 같으며, 무척 어려운 분야라는 선입관만 강하게 준다.

실제 금융공학은 수학적인 도구와 경영, 경제, 산업공학 등의 이론을 융합시켜 주식과 채권, 원자재 등의 현물시장과 선물, 파생시장을 분석하는 분야다. 금융공학이 발달하면서 특정한 기초자산을 근거로 수없이 많은 선물과 파생상품이 쏟아져나오게 되었다. 특히 금융공학은 1990년대 이후 냉전 종식으로 미국의 우주개발에 대한 투자가 감소하면서, 물리학자들이 금융계로 몰려들어 급속히 발전했다고 한다.

금융공학 발전에 가장 핵심적인 이바지를 한 것은 바로 1973년에 발표된 블랙숄즈Black-Scholes 방정식이다. 이 방정식은 일본 교토대학 이토 기요시 교수의 확률미적분 이론을 이용해 파생상품 옵션의 가격을 계산한 모델이다.

이토 교수는 공기 중에 피어오르는 연기나 물 위를 떠다니는 꽃가루와 같은 불규칙한 운동을 수학적으로 설명해냈는데, 블랙숄즈 모델은 이토 이론을 응용한 특정한 방정식을 통해 옵션과 같은 금융상품의 가격결정 원리를 풀어냈다. 즉, 위험이 전혀 없는 차익거래는 불가능하다는 공리를 세우고, 주식의 현물과 선물, 옵션 그리고 위험이 거의 없는 국채, 런던은행 간의 금리LIBOR 관계식을 세워 방정식을 유도해 옵션가격을 결정하는 방법을 정립했다. 이 과정에서 블랙숄즈는 물리학의 열 방정식을 기초로 확률론적인 방법으로 결과를 구했다고 한다.

이 모델이 등장한 이후 월가에는 수없이 많은 파생상품이 쏟아져나왔고, 투자은행들은 한동안 천문학적인 수익을 올렸다. 1980년대에는 노벨상 수상자와 수학자, 물리학자 등이 직접 헤지펀드의 효시가 된 LTCMLongterm

Capital Management을 만들기도 했다.

마이런 숄즈Myron Scholes는 파생상품을 발전시켜 금융의 영역을 크게 넓힌 기여로 1997년 노벨 경제학상을 받았다(그러나 피셔 블랙은 안타깝게도 1995년 암으로 사망해 사후에는 노벨상을 수여하지 않는 전통에 따라 수상하지 못했다. 대신 숄즈와 헤지펀드를 같이 만든 로버트 머튼 교수가 공동 수상했다).

결국, 블랙숄즈 방정식 때문에 파생상품의 가치평가가 가능하게 되었다. 이에 따라 옵션을 부여한 상품도 세상에 빛을 보게 된 것이다. 이 방정식 하나로 지난 10여 년간 월스트리트는 역사상 최대 호황을 누렸고, 미국은 세계 금융산업을 제패했다. 그러나 역시 이론은 이론이다. 엄격한 가정과 조건 속에서만 작동하는 모델을 변동성이 너무 큰 시장에 무리하게 적용하다가 오늘의 파국을 맞은 게 아니겠는가.

그런데 과연 무위험 차익거래는 현실적으로 가능한 것일까? (〈매경이코노미〉, 2009. 5. 20)

02

무위험 차익거래는
가능한가

과연 블랙숄즈 방정식이 경제위기의 원초적 주범일까? 그 방정식 때문에 파생상품의 탄생을 가능하게 만들었다는데, 그런 상품들은 항상 위험한 것인가? 그 방정식을 좀 쉽게 설명해달라는 요청이 많지만, 전문가들에게도 난해한 수식을 일반 독자들에게 쉽게 풀어쓰기는 만만치 않다. 고급 수학을 이용한 미적분, 편미분 방정식으로 구성된 모델이라서, 실제로는 방정식 자체를 그대로 쓰는 것조차 만만치 않다.

그럼에도 가장 궁금한 것은 역시 과연 위험이 전혀 없는 차익거래 가능한 상품이 존재할 수 있겠느냐는 것이다. 물론 블랙숄즈 모델 자체가 위험이 없는 차익거래는 불가능하다는 공리에서 출발했지만, 궁극적으로 이 모델은 파생상품 등을 통해 위험을 최소화하고 차익을 극대화하는 상품 개발에 응용되어왔다.

난해한 모델을 설명하는 대신 블랙숄즈 모델의 개념을 가장 초보적으로 응용해 만들어진 파생상품 하나를 생각해보자. 예를 들어, 특정 금액(1,000만 원)은 가장 안전한 국채에 투자하고, 그 이자(50만 원)만으로 고위험, 고수익 상품에 뛰어드는 경우를 가정하자. 먼저 50만 원을 고스란히 주식에 투자할 수 있다. 최악에는 50만 원이 모두 날아간다면, 국채에 투자한 원금만 건지는 경우다. 그러나 주가가 오른다면 그만큼 추가 수익을 낼 수도 있다. 국채와 주식을 혼합한 이 투자전략에서 이자(50만 원)를 무시한다면, 가장 초보적인 형태의 무위험 투자가 된다.

여기에 파생상품을 도입하면 게임은 훨씬 복잡해지고, 투자자는 더 흥분할 수 있다. 50만 원을 주식에 투자하지 않고, 대신 일정 조건이 맞으면 주식을 살 수 있는 선택권(옵션)에 투자하는 것이다. 블랙숄즈 방정식 덕분에 주가가 일정 수준 이상으로 올라가거나 내려가면 몇 배의 비율로 주식으로 바꿀 수 있는 권리를 주는 상품의 개발이 가능하게 된 것이다.

물론 최악의 경우에는 조건이 맞지 않으면 옵션에 투자한 50만 원을 모두 손해 볼 수도 있다. 그러나 특정 조건을 충족하면 주식에 직접 투자한 경우보다 몇 배의 이익을 더 챙길 수 있다. 손실의 범위는 같으나, 확률적으로 이득을 볼 가능성이 더 증대된 것이다. 그렇다면 투자자에게는 더 좋은 일 아닌가. 이것이 바로 파생상품의 특성이다.

예를 든다면, 주식워런트증권ELW(equity linked warrant)이 그런 특성이 있다. ELW는 기초자산이 기준가격 이상으로 올라가면 몇 배의 수익을 올릴 수 있다. 물론 주가가 내려갈 것을 기대하고 옵션을 선택할 수도 있다. 그런 경우에는 주가가 내려가야 이익이 발생한다. 따라서 주식과 파생상품을 적절히 결합하면 손실을 최소화시킬 수 있다. 이런 형태로 정교하게 안전자산과 파생상품 등을 연결하다 보면 이론적으로 위험이 없는 투자에 근접하는 전략이 나올 수 있다. 물론 이자(50만 원) 외에 원금까지 파생상품에 투자할 때 손해가 더 커질 수 있다. 즉, 위험이 커질 수 있다.

그러나 블랙숄즈 모델 자체가 현실 시장에는 적용하기 어려운 엄격한 가정을 전제로 하고 있기 때문에 완벽한 무위험 거래는 불가능하다. 특히 이번 위기처럼 주가가 일정 범위를 넘어 폭락할 때 많은 금융공학 모델이 무용지물이 된다. 주식시장은 항상 예측 불가능한 변동을 거듭하기 때문이다. 이런 이유로 노벨 수상자들이 만든 헤지펀드도 결국은 성공하지 못했다. 단지 투기적인 이익추구보다는 위험을 최소화하는 데 상당히 이바지했을 뿐이다.

뉴턴은 1720년대에 주식투자에 뛰어들어 한때는 엄청난 수익을 올려 투자 규모를 늘렸지만, 결국은 원금까지 모두 날렸다고 한다. 파산을 경험한 그는 시장에 명언을 남겼다.

"천체의 움직임은 초 단위로 계측할 수 있지만, (주식시장에 뛰어드는) 인간의 광기는 계산할 수 없다." (〈매경이코노미〉, 2009. 6. 3)

공포지수,
너무 두려워 마라

금융시장이 크게 출렁일 때마다 공포지수라는 게 등장한다. 최근 그리스 재정위기가 세계 각국의 투자자들을 패닉 상태로 몰아갔을 때도 여지없이 공포지수가 등장해 투자자들을 더욱 두렵게 만들었다. 실제로 그리스 위기가 절정에 달했던 2010년 5월 첫째 주 5거래일에 공포지수가 74퍼센트나 폭등해 전 세계 투자자들을 공포의 도가니로 몰고 갔었다. 과연 공포지수는 어떻게 계산하며, 그것은 진짜 가공할 만한 내용을 담고 있는 것일까?

언론에 공포지수로 자주 거론되는 지수 VIXVolatility Index는 시카고의 선물 거래소CBOE에서 시행간으로 발표하는 변동성 지수를 말한다. 이름 그대로 변동성을 나타내기 때문에 VIX가 상승하면 시장의 변동성이 높아지는 것을 의미하고 가격등락의 위험을 해결하는 옵션의 가격도 높아지기 마련이다.

옵션이란 대표적인 파생 금융상품으로서, 미래의 가격변동을 사전적으로 예측하고, 가격 변동에 따른 위험을 헤징하기 위한 거래로 많이 활용된다. 따라서 가격의 급등이나 폭락에 대비할 수 있는 다양한 옵션 상품이 거래되고, 투자자는 자신이 선택한 옵션과 몇 달 후에 결정될 실제 가격 차이에 따라 이익을 내거나 손실을 볼 수도 있다.

VIX는 S&P 500개 기업의 옵션가격의 등락폭을 지표로 만든 것이다. 1980년대 갈라이D. Galai와 브레너M. Brener 교수가 개발했다. 1986년에 처음으로 미국증권시장AMEX에서 채택했고, 시카고 CBOE에서는 1987년부터 발표되어왔다. VIX는 옵션가격의 분산을 활용해 여러 단계의 통계적 기법을 적용해 작성된다.

작성방법이 복잡하긴 하지만 실제로 VIX가 주는 의미는 그렇게 난해하지 않다. VIX 지수가 폭등한다는 것은 앞으로 얼마 동안 시장 변동성이 크게 높아진다는 것을 의미하기 때문이다. 또한, VIX는 주식시장이 폭락할 때도 올라가게 된다, 폭등하거나 안정적이면 점차 하락하게 된다. VIX가 공포지수로 인용되는 이유도 바로 여기에 있다. VIX의 폭등은 주가폭락이 상당히 심각하다는 의미와 함께 앞으로 시장이 매우 불안정하다는 것을 경고하기 때문이다.

실제 시장에서 VIX 지수의 동향을 보면 본래의 특성대로 시장이 폭락할 때 급등하고, 상승하거나 안정적인 추세일 경우에는 하락하는 경향을 나타낸다. VIX의 최고치는 리먼 사태 직후인 2008년 10월 27일로서 장중 89.35까지 급등했다가 80.06으로 마친 바 있다. 그 후 수년에 걸쳐 세계경제가 침체를 지속하고 있는 걸 보면 VIX는 공포지수로서 상당한 의미를 담고 있는 셈이다. 최근 그리스 사태에서도 VIX가 급등했지만, 아직은 2008년 최고점의 절반 수준에 불과하다. 그대로 해석한다면 그리스 사태는 그때 위기에서 절반에 불과한 위력을 가진 셈이다.

VIX가 투자자에게 주는 의미는 무엇일까? 공포지수가 올라가니 당연히 경각심을 갖고 위험관리를 해야 할 것이다. 그러나 사후적으로 보면 급격한 충격에 주가가 바닥을 쳤을 때도 VIX가 올라간 경우가 많다. VIX는 시장 변동성이 높아졌다는 것을 의미하지만, 몇 달 후에 반드시 주가가 폭락한다고 말하는 것은 아니다.

역사적으로 보면 위기의 상흔을 치유하는 과정은 항상 순탄치 않았다. 크고 작은 파란과 부침을 거듭하며 회복하기 때문이다. V공포지수가 올라간다고 부화뇌동하거나 과욕을 부리는 것은 금물이지만, 그렇다고 너무 두려워하지도 말자. VIX는 공포를 반영하는 것이 아닌 급등락의 변동성을 반영하는 지표이기 때문이다. (〈매경이코노미〉, 2010. 5. 26)

위기의 상흔은
얼마나 지속되나

2010년 초에 활황을 보이던 증시가 금세 식어가고 있다. 낙관론 일색이던 분위기는 금세 사라지고, 일부에서는 벌써 더블딥의 비관론도 등장하고 있다. 과연 경제가 언제쯤 위기에서 완전히 벗어나 본격적으로 회복될 수 있을까? 금융위기의 상흔은 쉽게 치유될 수 없을까? 과거의 역사에서 해답의 열쇠를 찾아보자.

최근과 같은 국제 금융위기의 역사는 무려 1870년대까지 거슬러 올라간다. 1873년 처음으로 나타난 독일과 오스트리아의 증권시장 붕괴는 기업 도산과 국가의 부채 상환 동결, 자본 유출 등의 위기를 가져왔다. 이는 유럽 전역과 미국에 그대로 확산되었다. 이어 1890년에는 아르헨티나를 필두로 남미에 부채 위기가 닥쳤고, 이것은 곧 영국의 거대 은행인 베어링 브러더스Baring Brothers Bank를 도산시켰다.

1907년 동銅 가격의 폭락으로 촉발된 미국의 금융위기는 유럽과 남미,

아시아에 이르기까지 전 세계에 큰 타격을 주었고, 역사상 가장 심각했던 1929년의 대공황도 미국의 주가 폭락을 계기로 촉발되었다. 특히 대공황 당시 긴축과 증세로 대응한 초기 정책의 실패는 더 큰 화를 가져온 것으로 널리 알려졌다.

대공황 이후에도 금융위기는 간헐적으로 지속되었다. 1981년에는 남미에서 국가 부채 위기가 재현되었고 1991년에는 일본과 스칸디나비아 제국의 부동산과 주식 거품이 터져 큰 위기가 닥쳤다. 1997년에는 한국을 포함한 아시아와 러시아의 금융위기가 개도국에 엄청난 피해를 주었다.

그리고 2008년부터 미국의 부동산 거품과 서브프라임 모기지subprime mortgage로 시작된 현재의 금융위기가 세계를 어둡게 하고 있다. 특히 이번 위기는 1997년과는 정반대로 개도국보다는 미국과 유럽을 비롯한 선진국에 더 큰 타격을 주고 있다.

이와 같은 금융위기를 겪으면서 심각한 타격을 입은 경제가 완전히 회복되는 데 과연 얼마의 시간이 소요되었을까? 최근 국제통화기금IMF은 과거에 발생했던 8개의 주요 금융위기를 분석해 위기의 상흔을 치유하는 데 소요된 기간을 추정해 발표했다.

가장 타격이 컸던 금융위기는 역시 대공황으로 거의 7년 동안 침체가 지속되었고, 생산량의 감소도 선진국에서는 28퍼센트, 개도국에서는 21퍼센트에 이르렀다. 1,980대의 부채 위기에서는 개도국의 실질 산출량이 13퍼센트나 감소했다. 하지만 반대로 1991년 위기에서는 선진국의 GDP가 10퍼센트나 줄어들었다.

몇 가지 흥미로운 공통점도 발견되었다. 우선 대공황과 1980년대의 부채위기, 1990년대 초의 선진국 위기 등 중요한 세 번의 침체에서 모두 위기 이후에는 상당기간 경제 성장률이 매우 낮게 나타났다. 성장률의 반전이 가장 신속하게 이루어진 것은 오히려 대공황으로서, 선진국은 1934년부터, 후진국은 1936년부터 플러스 성장을 기록했다.

그러나 플러스 성장을 기록했음에도 성장률 자체는 위기가 끝난 이후에도 거의 7년 이상 위기 이전보다 1퍼센트 포인트 이상 낮은 수준을 나타냈다. 이러한 위기 이후 저성장의 패턴에는 예외가 없었다. 다시 말하면, 위기극복 이후에 곧바로 높은 성장률로 복귀하는 것은 금융위기 역사에서 한 번도 나타나지 않았다. 위기로 입은 피해의 상흔을 치유하는 데는 상당한 시간이 소요된다는 사실을 말해주고 있다.

물론 경제는 항상 과거의 패턴을 추종하는 것은 아니다. 그럼에도 과거처럼 이번에도 침체의 상흔을 치유하는 데 상당한 시간이 소요될 수도 있다. 역사는 되풀이된다고 하지 않았는가. 조급하게 과거의 화려한 영화를 기대하지 말자. (〈매경이코노미〉, 2010. 2. 17)

궁사의 역설과
자이로 효과

날아가는 화살에도 자연의 신기로운 물리 현상이 나타난다고 한다. 궁사弓士는 70미터 떨어진 표적에, 그것도 불과 12.2센티미터밖에 안 되는 골드(10점) 포인트에 화살을 꽂아야만 하니 얼마나 어려운 일이겠는가. 물론 각고의 노력으로 신궁神弓의 경지에 올라 거의 만점을 받는 선수들도 있지만, 먼 곳에서 화살을 당겨 그 점에 안착시키는 것은 만만치 않은 도전일 것이다.

그런데 활시위를 떠나 힘차게 과녁을 향하는 화살을 자세히 살펴보면 좌우로 흔들리며 날아가는 현상을 볼 수 있다. 활의 시위로부터 강한 힘을 전달받은 화살이 무게 중심이 있는 앞쪽보다 앞서 나가려는 현상이 나타나는 것이다. 시위가 부르르 떨면서 화살에 힘을 실어주지만, 뒤쪽의 강한 힘이 관성과 여러 방향의 다른 힘에 반응하기 때문이다. 이런 현상을 궁사의 패러독스archer's paradox라고 부른다. 빠른 속도에서는 당연히 직선으로 곧장 날아갈 것 같은데, 사실은 화살이 좌우로 꼬리 치며 가는 현상이다.

과녁을 조준하는 궁사를 어렵게 만드는 이런 현상을 조정하기 위해 화살에는 깃이 붙어 있다. 화살 깃은 공기의 저항을 유발해 좌우로 요동치는 것을 감소시키며, 화살의 회전을 안정적으로 만들어준다고 한다. 돌아가는 팽이나 자전거가 쓰러지지 않고 균형을 찾게 하는 자이로 효과gyro effect를 바로 화살 깃이 만들어주는 것이다. 팽이나 자전거가 쓰러지지 않으려면 일정한 속도를 유지해야 하듯, 화살도 궁사의 역설을 깃의 자이로 효과로 막아주며, 일정한 속도를 유지해야만 과녁으로 곧장 날아갈 수 있다.

양궁의 흥미로운 물리 현상은 경제에도 그대로 적용될 수 있을 것 같다. 지금은 벼랑으로 떨어지려는 경제를 전 세계가 국제적인 공조를 통해 겨우 막아놓은 상태와 같다. 그 결과 V자처럼 회복된 것이 사실이지만, 이제는 궁사의 역설을 넘어 경제를 지속해서 안정화해줄 자이로 효과가 필요한 것이다. 그런데 70미터를 날아가는 화살에는 작은 깃 하나가 그 역할을 충분히 담당할 수 있겠지만, 경제에는 훨씬 더 큰 깃이 필요하다. 날아가는 과정이 갈수록 순탄치 않아 보여서 더욱더 큰 자이로 효과가 요구되는 것이다.

실제로 세계경제는 앞으로도 화살을 요동치게 하는 것과 같은 역설이 많이 나타나게 될 것이다. 우선은 경제위기의 근원이 되었던 미국 경제가 일시적인 반등에 성공했지만, 소비와 고용은 여전히 침체 되어 있다. 미국은 경제 규모가 워낙 커서 소비가 5퍼센트만 줄어들어도 중국 경제의 1/9이 사라지는 셈이다.

게다가 천문학적인 규모의 재정지출과 금융 완화로 적자가 확대되어,

세계의 기축통화인 달러 가치의 불안정이 앞으로도 상당 기간 지속할 것으로 보인다. 그렇다고 국가 간의 적자와 흑자가 상호 조정되는 글로벌 공조를 기대하는 것도 어려울 것이다. 이것은 다시 원유를 비롯한 원자재 가격의 불안을 유발하고 있다.

나아가 인플레이션과 환율 하락의 압력이 수출 의존도가 높은 우리 경제에 더 큰 공기의 저항으로 작용할 것이다. 재정지출과 감세 등으로 끌어올린 경기회복 추세를 안정적으로 뒷받침해 줄 화살의 깃도 만만치 않다. 재정적자와 금융완화 정책을 지속하기에도 큰 부담이 따른다. 경기회복 과정에서도 대기업과 중소기업의 격차가 클 뿐만 아니라 고용은 좀처럼 늘지 않고 있다.

따라서 지금은 경제 안정을 향해 날아가는 화살의 궤도를 더욱 안정적으로 유지하기 위한 대안 마련에 고심해야 한다. 정부는 막연한 회복추세에 자만하지 말고, 민간부문이 단단한 '깃'의 구실을 할 수 있도록 제도개혁에 앞장서야 한다. 경제의 지속적 안정을 유지해주는 회전의回轉儀, gyroscope는 결국 민간에서 찾아야 하지 않겠는가. (〈매경이코노미〉, 2009. 11. 25)

06

더 큰 바보가
만드는 버블

경제위기를 불러오는 버블 현상은 꽤 오랜 역사를 갖고 있다. 가장 오래된 1637년의 네덜란드 튤립 광풍에서부터 대공황과 최근의 금융위기에 이르기까지 크고 작은 거품이 많이 발생했다. 비교적 최근에 발생했던 고전적인 거품으로는 호주의 포세이돈 광업회사 사례가 있다. 포세이돈 사례를 보면서 거품이 왜 발생하는지 살펴보도록 하자.

1960년대 후반 광물시장은 베트남 특수로 초과 수요 상태에 있었는데, 광업회사 포세이돈은 1969년에 대규모 니켈광을 발견했다. 이 소식과 함께 포세이돈의 주가는 하늘을 향해 줄달음쳤다. 그 해 9월, 80센트에서 시작해 10월 초에는 12달러 30센트, 그리고 1970년 2월에는 280달러로 최고점을 찍었다. 불과 몇 달 사이에 무려 350배가 뛰어오른 셈이다. 당시 영국의 어떤 중개인은 주당 382달러에 인수하겠다는 제안까지 했다고 한다.

포세이돈의 주가 폭등은 버블의 전형적인 파급효과를 불러왔다. 모든 광업주가 덩달아 뛰었고, 이름 모를 기업들의 신규 상장이 쏟아졌다. 그러나 거품은 불과 1년을 제대로 넘기지 못하고 주가가 폭락하고 위기가 왔다. 물론 포세이돈도 예외가 아니었다. 니켈광을 개발했지만 그렇게 높은 주가를 뒷받침할 수 없었기 때문이다. 결국 포세이돈도 몰락했고, 여러 차례 우여곡절 끝에 지금은 세계 최대 금 생산업체인 뉴몽트 광업Newmont Mining에게 넘어갔다.

사람들은 왜 주가가 300배 이상 폭등해도 너도나도 주식을 사겠다고 뛰어들까? 그런 거품이 없었다면 대공황은 물론 이번 글로벌 위기도 피할 수 있었을 것이다. 거품을 보지 못하고 불 속에 뛰어드는 사람들의 속성은 다음 몇 가지로 설명된다.

첫째는 군중심리에서 오는 집단행동herd behavior이다. 투자자들은 시장의 흐름을 좇아 가격이 올라갈 때는 너도나도 더 사려고 하고, 떨어질 때는 반대로 모두 팔자에 나서는 것이다. 자신이 속해 있는 군중에서 이탈하면 무언가 잃는 것 같은 상실감을 느끼는 심리다. 추종할 때의 이익만 예측하고, 혼자 남아 있을 때의 기회비용은 전혀 고려하지 않는다. 물론 군중심리도 일정한 범위에서는 합리적인 행동으로 평가될 수도 있다. 그러나 그 범위를 사전적으로 계측할 수 있는 모델은 아직 개발되지 않았다.

둘째는 과잉 유동성이다. 거품은 미시적인 개인의 행동으로 형성되지만, 그런 행동의 배경에는 역시 돈이 숨어 있다. 과잉 유동성이 소수의 특정 자산에 몰리기 시작하면, 가격이 폭등하면서 역시 거품이 형성되는 것이다.

셋째는 과거 자료를 기반으로 미래를 추정하는 속성에서 비롯된다. 과거 몇 년 또는 수개월 동안의 성장률을 기준으로 미래를 전망하면, 모두 장밋빛 일색일 때가 많다. 우리나라에서도 주가가 얼마 동안 올라가면 1~2년 후에는 지수가 2000이 되고, 3000이 된다는 예측이 쏟아지지 않는가.

마지막은 바보이론fool thoery으로 합리성을 상실한 바보들이 거품을 만들어낸다는 것이다. 가령 포세이돈의 주가가 80센트에서 12달러로 뛰어올라도 시장에는 그것을 사려는 큰 바보great fool들이 모여든다. 주가가 12달러에서 더 오르면, 이젠 더 큰 바보greater fool들이 구름 떼처럼 나타난다.

그다음 단계에는 주가가 280달러가 돼도 꼭 사야겠다는 가장 큰 바보greatest fool들이 등장한다. 가장 큰 바보가 나타나면 시장은 드디어 무너지기 시작한다. 수익을 올린 투자자들이 한때 매물을 쏟아놓기 때문에 가격은 급락한다. 시장에 뛰어든 바보들이 바로 거품을 만들고 경제위기를 불러오는 셈이다. 그러면 나는 과연 어떤 바보에 속할까? (〈매경이코노미〉, 2009. 6. 17)

07

재정지출과
케인스의 승수효과

세계 각국이 금융위기에 빠진 경제를 살리기 위해 막대한 돈을 쏟아붓고 있다. 중앙은행은 낮은 금리로 각종 통화량을 늘리고 있고, 정부는 재정지출을 대폭 확대해 경기 부양을 시도하고 있다. 이런 확장 정책에 힘입어 금융시장이 안정되고, 실물 경제도 바닥은 지났다는 평가가 지배적이다.

그럼에도 여전히 민간 투자는 부진하고 실업률은 솟아오르고 있으며 소비자의 신뢰도 견고하지 못한 상태에 있다. 금융위기의 구워지였던 미국에서는 최근 들어 경기 전망에 대한 비관론이 다시 고개를 들고 있고, 일본과 유럽 등 주요 선진국 경제는 쉽게 전환점을 찾지 못하고 있다. 경기를 지속해서 뒷받침해 줄 민간부문의 회복이 너무 더디게 나타나고 있기 때문이다.

이런 이유로 미국 등 일부에서는 이미 2차 경기부양안을 거론하고 있다. 하지만 다른 한편에서는 엄청난 재정적자와 천문학적인 국가 부채가 몰고 올 후유증에 대한 우려가 심각하다. 과연 재정지출은 경기부양에 얼마나 도움이 될까? 또한, 경기가 안정화되면 국가 부채 문제도 스스로 해결될 수 있는 것일까?

재정지출의 경기부양 효과를 최초로 설명한 학자가 바로 케인스다. 그는 대공황에서 헤어나지 못하는 미국 경제의 회복을 위해 재정지출의 필요성을 설파했다. 그러나 당대의 경제학계에서는 경제가 어려울수록 재정은 균형을 유지해야 한다는 게 정론이었다. 따라서 젊은 학자 케인스의 반론은 가히 혁명적이었다.

케인스의 이론이 과연 무엇일까? 우선 가장 간단한 형태의 정부와 민간 부문만을 생각해보자. 정부가 10억을 지출해 공공사업을 시행하고 모두 임금으로 푼다면 어떻게 될까? 10억 원의 소득이 창출된다. 누군가의 소득으로 지급된 10억 원은 다시 쓰이게 될 것이다. 80퍼센트만 소비한다면 8억 원의 민간 소비 지출이 된다.

이것은 다시 누군가의 소득이 될 것이다. 다음 단계 역시 또 같은 형태로 반복되는 것을 생각할 수 있다. 모든 사람이 자신의 증가한 소득 중 80퍼센트만 소비한다고 할 때, 이런 과정이 지속하면 소득 창출은 10억 원, 8억 원, 6.4억 원……으로 0이 될 때까지 무한히 계속될 것이다.

이 과정에서 중요한 변수는 소득이 증가할 때 얼마를 더 쓰는가를 나타내는 한계소비성향이다. 한계소비성향이 80퍼센트라면 소득의 창출 효과를 총 합계하는 식은 $1/(1-0.8)$으로서 5가 나온다. 말하자면 가장 단순한 형태로 계산할 때 정부지출의 5배에 해당하는 소득 창출이 가능하다는 것이다. 만약 한계소비성향이 90퍼센트라면 10배도 가능하지만, 50퍼센트라면 2배밖에 나오지 않는다. 이 말은 곧 불황일 때는 소비자들이 돈을 좀 써야 좋다는 얘기도 된다. 이렇게 정부 지출이 소득 창출에 미치는 몇 배의 효과를 케인스의 승수효과라고 한다.

물론 이 효과는 재정지출이 미칠 수 있는 최대효과라고 보는 게 맞다. 소득에 세금이 부과되면 쓸 수 있는 가처분소득이 줄어들고 정부 지출로 수입품을 구매하면 일부가 국외로 유출될 수도 있기 때문이다. 정부 지출로 국내 기업의 제품을 구매해도 일부는 원자재와 중간재 부문으로 가기 때문에 지출액 전부가 소득을 창출하는 것은 아니다.

실제로 이 모든 요인을 고려하면, 당연히 앞에서 계산한 승수보다는 적게 나올 수밖에 없다. 특히 경기 침체기에 소비자들이 오히려 소비를 줄이고 저축을 늘리는 경향이 있기 때문에 승수효과는 더 떨어질 수밖에 없다. 더 큰 문제는 이런 효과가 영원히 지속될 수 없다는 사실이다. 경기침체로 세수가 줄어드는데 국채발행으로 지출만 확대할 수도 없다. 그렇다고 민간 투자가 부진한데 당장 정부가 손을 뗄 수도 없다. 그래서 이런 정책은 항상 입구보다는 출구exit plan가 더 중요하다. (〈매경이코노미〉, 2009. 7. 29)

08

글로벌 대기업
몰락이 주는 교훈

1931년 경제학자 로베르 지브라는 수많은 기업의 역사를 분석하다가 새로운 사실을 발견했다. 놀랍게도 기업의 성장과 규모는 아무런 상관관계가 없다는 법칙을 찾아낸 것이다. 그가 발견한 '지브라의 법칙'은 오랫동안 학계에서 논란의 대상이 됐다. 어떻게 큰 규모의 대기업과 작은 중소기업의 성장 가능성이 같단 말인가. 당연히 대기업은 승승장구할 확률이 훨씬 더 높고 몰락할 가능성은 매우 낮을 것으로 여겨진다.

지브라의 법칙은 놀랍게도 지금 세계 곳곳에서 여실히 증명되고 있다. 최근 정보기술IT 업계의 화제가 되고 있는 노키아도 대표적인 사례에 속한다. 한때 휴대전화 시장을 70퍼센트까지 석권했던 노키아가 바닥을 모르고 추락하고 있기 때문이다. 주가는 연초보다 40퍼센트나 폭락했고, 신용은 거의 투기등급으로 강등됐으며, 일각에서는 벌써 매각 가능성이 거론되고 있다. 휴대전화의 제왕 노키아에 갑자기 무슨 일이 생긴 것일까? '시장의 표준은 노키아가 만든다'는 자만에 빠져 애플의 아이폰에 적극 대응하지 못했기 때문이다. 노키아의 붕괴로 핀란드 경제마저 휘청거리고 있다니 대기업 의존도가 높은 우리에겐 타산지석이 아닐 수 없다.

글로벌 대기업의 몰락은 비단 노키아에 국한된 현상이 아니다. 전자제품의 총아 소니의 주가는 2000년 3월에 3만 엔에서 최근에는 2,000엔대로 추락했다. 게임의 대가 닌텐도 역시 마찬가지다. 2007년 11월에 7만 3,000엔에 달하던 주가가 불과 4년 만에 4분의 1로 폭락했다. 불과 얼마 전까지도 IT 업계의 선두주자였던 마이크로소프트는 어떠한가? 지금의 주가는 10년 전의 반 토막에 불과하다.

이처럼 빈번한 글로벌 대기업의 몰락을 무엇으로 설명할 수 있겠는가. 가장 중요한 요인은 역시 글로벌 경제의 불확실성이 심화하고 있기 때문이다. 국가 간 경제의 상호의존성이 증대되고 기술혁신이 너무 빨라 시장의 불확실성이 그 어느 때보다 심화하고 있다. 실제로 2, 3년 후의 잠재적인 경쟁자가 누구일지 모르는 경우가 많고, 표준화된 기술의 방향도 분명치 않은 게 오늘의 현실이다. 당연히 애써 개발한 제품의 수명은 짧아지고 시장에서 안정적인 지위를 누리는 기간도 순간으로 변화하고 있다.

경쟁력의 원천이 급격히 변동하는 것도 글로벌 대기업의 붕괴를 부추기고 있다. 제조업 중심의 산업사회에서는 기술이 가장 확실한 경쟁력의 기반이었다. 그러나 지금은 경쟁력의 원천이 오히려 시스템과 문화에서 비롯되는 경우가 많다. 즉, 생활방식을 바꾸는 새로운 문화의 창조자가 시장을 선도하고 경쟁력도 확보하는 패러다임이 등장했다.

시장점유율은 4퍼센트에 불과한데 전체 수익의 40퍼센트 이상을 가져가는 애플의 아이폰을 보라. 휴대전화를 새로운 문화의 창조물로 변환시키지 않았는가. 소니의 워크맨이나 비디오가 그랬던 것처럼 일등기업은 항상 새로운 삶의 양식을 선도하며 기존의 패러다임을 완전히 바꿔놓고 있다. 이 과정에서 오랜 전통에 갇혀 변화를 간과한 거대 기업의 몰락이 되풀이되고 있는 셈이다.

이런 와중에 우리는 어떠한가. 다행히 국내의 대기업들은 글로벌 위기 이후 상당한 저력을 발휘하고 있지만, 그렇다고 세계를 휩쓰는 시장 위험에서 예외일 수는 없다. 특히 한국의 대기업은 선두를 추종하는 발 빠른 2인자로서 규모가 엄청나게 커졌지만, 아직도 세계시장을 선도하는 성공 모델은 찾아보기 어렵다.

대기업의 운명이 곧 국민경제의 위기로 연결될 수 있는 우리의 경제구조에서는 시장 리스크의 안정적 관리가 절실하지 않을 수 없다. 따라서 무엇보다 먼저 대기업 스스로 시장 위험과 변동성에 대응하는 위기관리 능력을 높여나가야 한다. 또한, 사회적 책임에도 충실해 국민과의 일체감을 갖도록 해야 할 것이다.

그리고 정부의 정책 패러다임도 획기적으로 바꿔야 한다. 기존의 획일적인 규제 중심의 산업정책은 시장의 위험을 없애는 데 도움을 주지 못하기 때문이다. 작은 기업은 육성하고 큰 기업은 규제하는 규모 중심의 정책도 재고해야 한다. 차라리 자율과 창의를 바탕으로 경쟁이 이루어질 수 있는 산업의 생태계 조성에 주력해야 할 것이다.

그런 생태계는 결코 자금이나 기술만으로 조성되지 않는다. 각 분야에 다양한 전문가가 필요하고, 취업보다 창업을 선호하고, 새로운 문화를 만들어가는 인재도 필요하다. 고도의 전문인력이 무한한 창의력을 발휘할 수 있는 환경도 조성해야만 한다. 교육과 산업을 연계하는 정책 시스템을 개발해 시장 변화에 적극 대응해야만 노키아와 핀란드 같은 위기를 예방할 수 있을 것이다. (〈동아일보〉, 2011. 6. 17)

09

‘검은 백조’를
보셨나요

“검은 백조black swan를 보신 적이 있나요?”

2008년 글로벌 금융위기 때 월가에 유행한 말이란다. 백조는 흰색인데 검은 백조라니? 이건 차라리 흑조黑鳥라고 불러야 할 것 같다. 모든 백조는 흰색이라는 인식이 굳어 있어, 검은 색깔을 가진 흑조를 떠올리기가 쉽지 않다. 그래서 서양 고전에서는 흑조가 “실제로는 존재하지 않는 어떤 것” “고정관념과는 전혀 다른 어떤 상상”으로 은유적으로 사용되어왔다고 한다.

그러나 17세기부터 흑조의 의미가 크게 변화했다. 한 생태학자가 실제로 호주에 사는 흑조를 발견했기 때문이다. 희귀종인 흑조의 존재가 확인되면서 인식학epistemology에서는 그 의미가 “존재하지 않는 것”에서 “불가능하다고 인식된 상황이 실제 발생하는 것”으로 인용된다고 한다. 이런 개념으로 흑조를 가장 먼저 사용한 사람이 바로 경제학자 존 스튜어트 밀이었고, 그 후 흑조는 논리학에서 말하는 반증 가능성falsifiability의 사례로 일반화되었다.

그런데 왜 월가에서 '흑조'가 널리 회자하고 있을까? 최근 40만 권 이상 팔리며 베스트셀러로 등장한 나심 탈렙의 《흑조*The Black Swan*》라는 책에서 최근의 금융위기를 흑조에 비유하고 있기 때문이다. 그의 흑조 이론에 따르면 많은 과학적 발견은 흑조처럼 예측하기도 어렵고 미리 예정되어 있지도 않다는 것이다. 즉, 아직 인식하지 못한, 거의 실현 불가능한 상황이 실제로 발생해 엄청난 파문을 일으킨다는 이론이다. 예를 들어, 인터넷과 PC의 등장, 9·11 사태 등이 모두 흑조의 등장과 같다는 것이다.

흑조의 파장이 큰 것은 너무나 당연하다. 백조의 생태는 널리 알려졌지만 흑조에 대해서는 너무 모르고 있기 때문이다. 흑조는 백조의 자료만으로는 찾을 수도 없고, 99.99퍼센트의 신뢰구간에서도 벗어나 있다. 어느 날 갑자기 합리적 분석의 범위를 뛰어넘어, 전대미문의 알려지지 않은the unknown unknown 위기로 등장한다. 따라서 상황이 어려워질수록 흑조가 등장할 가능성을 내포하는 역설적인 반증의 논리counterfactual reasoning를 잊지 말아야 한다는 것이다.

2008년 리먼이나 AIG의 사태도 그린스펀의 얘기처럼 한 세기에 한 번 올 수 있는 흑조가 나타난 것일까? 2008년 9월 15일, 뉴욕에서는 158년 동안 세계 최대 금융회사의 하나로 군림하던 리먼브라더스의 파산이 결정되었다. 자산 6,900억 달러의 초대형 투자은행이 하루아침에 날아가 버린 것이다. 세계 금융시장은 경악했으며, 우리 증권시장에서도 그다음 날 하루 50조 원이 사라져버렸다. 흑조 한 마리의 위력이 이렇게 대단한 것이다.

리먼의 파산이 주는 교훈은 역시 신뢰와 시간의 문제다. "우량자산을 값싸게 팔 수 없다"는 CEO 풀드의 고집과 베어스턴과 같은 구제금융이 가능할 것이라는 백조의 생태계에 대한 믿음이 타이밍을 놓치게 하였다. 시장의 조급함이 풀드의 자구책을 신뢰하지 못했고, 정부도 모래 위에 분명한 선을 그었다. 리먼은 단 하루도 더 버티지 못하고 파산을 신청할 수밖에 없었다.

벼랑 끝에 선 기업일수록 신뢰의 위기가 파산을 부르는 방아쇠가 된다. 신뢰가 무너지면 주식은 휴짓조각이 되고 결제요구가 산적하게 된다. 좋은 인재는 떠나가고, 어디선가 홀연히 상상조차 못했던 흑조가 날아오게 된다. 지구의 온난화 때문일까? 흑조의 출몰은 더 잦아질 것 같다. 그러나 인간의 제한된 지식으로는 그런 위기에 대처하는 데 한계가 있을 뿐이다. 그 한계를 극복하고 흑조에 익숙하려면, 당분간 더욱 긴장하고 보수적으로 위험관리를 강화해야 하지 않겠는가. (〈매경이코노미〉, 2008. 10. 8)

로트레크의
포스터와 메뉴 비용 1

지금도 파리에 가면 물랭루주를 찾는 사람이 많다. 1889년 만국 박람회가 개최되던 해, 몽마르트르 언덕 아래 문을 연 물랭루주는 이름 그대로 '붉은 풍차Moulin rouge'를 돌리며 프렌치 캉캉 댄스로 수많은 관광객을 유혹해온 파리의 명물이다. 물론 1918년 화재로 타버린 건물을 개축해 지금의 발 뒤 물랭루주Bal du Moulin Rouge로 변신했지만, 인기 연예인들의 춤과 노래로 100년 이상 세계의 관광객을 유혹하고 있으니 정말 명품 카바레가 아닐 수 없다.

오늘날 붉은 풍차 주변의 온 거리는 환락가로 변모해 성인용품 상점으로 가득하지만, 한때는 저명한 인상파 화가 툴루즈 로트레크가 명작을 만들어낸 배경이 되었던 곳이다. 로트레크는 보크스 성을 지배하는 명문가의 아들로 태어났지만, 선천적으로 병약했고 다리 부상까지 겹쳐 평생을 152센티미터의 단신으로 살았다고 한다. 난쟁이가 되어버린 귀공자는 파리의 몽마르트르로 유랑생활을 떠났고, 그때부터 물랭루주 카바레에서 술과 춤에 취하며 그림을 그리게 되었다.

로트레크는 카바레와 무희를 배경으로 포스터를 석판화로 만들어 당시 미술계에서 상상조차 못했던 상업미술 영역에 뛰어들게 되었다. 로트레크의 대표작인 〈물랭루주의 라 컬르〉(1891)는 당시 '붉은 풍차'에서 천재적인 재능의 춤으로 전 세계 관광객을 매혹한 댄서 컬르를 그린 작품이었다. 그녀는 "곡예사처럼 천정을 향해 다리를 번쩍 들어올리고, 뼈가 으스러질 정도의 격렬한 발동작으로 마룻바닥을 구르고 스커트를 부채처럼 요란하게 흔들며 신들린 춤을 춘" 캉캉 댄서를 소재로 물랭루주를 광고하는 포스터 판화를 제작한 것이다(이명옥·정갑영, 《명화 경제 토크》에서 일부 인용).

당시 로트레크의 포스터는 대단한 인기를 누렸다. 벽에 붙이기가 무섭게 사라졌다. 포스터를 붙이는 사람을 매수하기도 했다. 포스터가 붙은 선전 마차가 지나가면 그 뒤를 쫓는 시민으로 거리가 아수라장이 되었다고 한다. 로트레크의 물랭루주 포스터는 묘사가 단순하면서도 강한 선, 화려한 색채와 글자의 절묘한 대비, 대담한 구도 등으로 포스터가 삼류 예술이라는 선입관을 단숨에 무너뜨렸고, 오늘날까지도 광고 예술의 최고 걸작으로 회자하고 있다.

로트레크는 서른일곱의 젊은 나이에 알코올 중독으로 사망할 때까지 석판화 기법으로 컬러 포스터를 대량 제작해 거리 마케팅의 신화를 만들고 대중의 인기를 사로잡았다. 스커트를 부채처럼 요란하게 흔드는 신들린 댄서의 고혹적인 자태를 강렬하게 묘사한 포스터가 어떻게 인기를 끌지 않을 수 있겠는가. 그러나 이를 계기로 미술 세계는 큰 변화를 이루게 되었다. 특정한 행사나 서비스를 홍보하기 위해 제작하는 포스터가 상업미술로 주목을 받기 시작했고, 광고 영역에 예술가의 손길이 강하게 침투한 것이다.

포스터는 상업미술을 마케팅에 활용한 대표적인 사례지만, 이와 유사한 광고물이 수없이 많다. 거리의 포스터는 대체로 행사내용을 특징적으로 설명하고 시간과 장소를 명시하며 가격과 판매조건을 명시한다. 그러나 가격만을 명시한 간단한 종이 한 장에서부터, 아예 두꺼운 책자로 만든 카탈로그까지 상세한 판매조건을 구매자에게 전달하는 매체는 셀 수 없을 정도로 많다. 이처럼 제품의 특성과 가격 등을 표시한 인쇄물과 영상물 등 모든 매체를 경제학에서는 메뉴menu라고 말한다.

물론 로트레크의 명작 포스터는 흔치 않지만, 세상에는 이름 없는 메뉴판이 수없이 많다. 당장 식당의 메뉴판부터 떠오르지 않는가. 그 메뉴판이 과연 경제에 어떤 영향을 미친단 말인가? 경기변동도 좌우할 수 있다니, 믿어도 되는 것일까? 경제학은 때로 알쏭달쏭하기만 하다. (〈매경이코노미〉, 2008. 8. 20)

11

로트레크의 포스터와
메뉴비용 2

사람 사는 세상에 살면서

소머리 국밥을 먹는다.

소들이 사는 세상에서는

소들이 사람 머리 국밥을 먹는다.

— 정호승, 〈국밥〉

소들이 사는 세상을 생각하면 이젠 국밥 먹기도 겁이 난다. 무심코 맛으로만 먹던 국밥, 이젠 정말 두려움을 느낄 때가 되었나 보다. 소들이 사는 세상까지 가지 않더라도, 사람 사는 세상에서도 이미 쇠고기 촛불 파동이 있지 않았는가. 촛불시위 등쌀에 쇠고기 국밥집의 메뉴판만 복잡해졌다. 머리는 호주산이고, 갈비는 뉴질랜드산이고, 살코기는 진짜 한우며, 출생지마다 가격이 다르게 표시되고, 심지어 쌀은 한국산이라는 말까지 덧붙어 있다.

언제부터 사람 사는 세상이 이렇게 복잡해졌는가. 죄 없는 식당 주인만 힘들어진 셈이다. 어쩌다 메뉴판 교체를 게을리하거나 고기의 원산지를 잘못 관리하다가는 큰코 다치기에 십상이다. 사람 사는 세상에서는 식당 메뉴판까지도 법에서 정한 대로 게시해야 하기 때문이다. 주인 처지에서 보면 이게 다 비용 아니겠는가.

물론 작은 식당의 메뉴판이야 사인펜 하나로 적당히 바꿀 수도 있을 것이다. 그러나 물랭루주 이야기에서 언급했던 로트레크의 포스터처럼 메뉴를 사치스럽게 만든다면 제작비용도 만만치 않을 것이다. 실제로 고급 식당들은 아티스트까지 동원해가며 아주 깔끔하게 로트레크를 흉내 내기도 한다. 어디 그것뿐인가. 수백 페이지에 달하는 카탈로그도 마찬가지다. 한 번 만드는 인쇄비용이 상당하다. 물론 상호나 기업 로고의 변경도, 직장을 이동해 명함을 새로 찍는 것도 모두 메뉴비용과 같다.

메뉴비용의 범주는 여기에 그치지 않는다. 계약의 갱신비용, 판매조건과 품질, 가격과 서비스의 조건 등을 알리는 모든 비용이 메뉴비용에 해당한다. 따라서 생산비를 제품가격에 반영해 모든 '메뉴판'을 매번 바꾸려면 상당한 비용이 들어가게 된다. 다수 문건을 다시 제작해 수많은 거래 당사자에게 알려야만 하기 때문이다.

이런 이유로 기업은 실제 생산비가 약간 변동된 경우에도 한동안 기존 가격을 유지하는 경우가 많다. 수시로 '메뉴판'을 바꾸자니 메뉴비용이 너무 많이 들기 때문이다. 조그만 식당이나 주유소에서는 수시로 메뉴판을 바꿀 수도 있겠지만, 원자재 구성이 복잡하고 다양한 제품을 생산하는 기업일수록 메뉴판 바꾸는 부담이 만만치 않다.

그런데 경제에서는 메뉴비용 때문에 제품가격을 수시로 변경하지 않으면 균형을 찾는 데 더 오랜 시간이 걸린다. 겉으로는 별것 아닌 메뉴비용이 경기변동을 좌우할 수도 있다는 얘기다. 어떻게 그런 결과가 나오는 것일까?

자동차를 예로 들어보자. 생산원가가 올랐음에도 메뉴비용 때문에 종전 가격으로 판다면 어떻게 될까? 소비자는 단기에 이익을 볼 수 있다. 그러나 생산비 상승이 일정 수준을 벗어나면, 메뉴비용에도 가격을 올리지 않을 수 없다. 그때 가격 인상은 수시로 조정할 때보다 분명히 큰 폭으로 뛰어오른다. 그렇게 되면 큰 폭의 가격상승 때문에 수요는 급감하고, 자동차 경기는 상당기간 침체된다. 수시로 조정했을 때보다 당연히 침체가 오래 갈 수밖에 없다.

이런 현상은 노동시장에서도 그대로 나타난다. 경기가 침체하여 일자리는 줄어들었는데 노사협약 때문에 임금이 내려가지 않는다면 어떻게 될까? 실업자만 더 많아진다. 임금이라도 내려가야 인력수요가 늘어나는데, 그렇지 못하니 침체의 골은 더 깊어진다. 만약 임금이 시장 상황에 맞게 수시로 조정된다면, 일자리가 늘어나 경기회복이 빨라질 것이다. 노사협약이라는 메뉴판이 너무 경직되어 있으면 경제가 쉽게 안정화되지 않는 것이다.

자, 이제 메뉴판을 자주 간다고 투덜거리지 말자. 사람 사는 세상에서는 그거라도 쉽게 바뀌어야 경제가 빨리 안정된다. (《매경이코노미》, 2008. 8. 27)

12

공짜 마케팅이
더 좋은 이유

"공짜 점심은 없다."

널리 알려진 경제학의 명제다. 실제로 공짜 점심이 어디 있겠는가? 겉은 공짜로 포장했어도 속에는 비용이 감추어져 있지 않은가. 그럼에도 공짜 마케팅이 오히려 수익을 올려주는 사례도 있다. 비록 공짜가 아니라도 상당한 할인혜택으로 기업이 수익을 올리고, 소비자도 만족하게 하는 원원 전략이 가능한 경우가 많다.

대표적인 사례가 바로 휴대전화다. 휴대전화는 전 세계 어딜 가도 공짜가 많다. 공짜가 아니더라도 엄청나게 싼 휴대전화가 수두룩하다. 통신회사의 '고객 만족'은 그것으로 끝나지 않는다. 초고속 인터넷에서 집 전화와 영화, 주유 등에 이르기까지 공짜 마케팅은 끝없이 다양화되고 있다. 어떻게 그 많은 제휴 할인이 가능할까? 당장은 유리한데 결국 소비자가 내는 게 아닌가. 의심이 가긴 하지만 그래도 가입하는 게 낫지 않겠는가.

이런 마케팅의 경제 원리는 대부분 한계비용으로 설명할 수 있다. 한계비용이란 재화나 서비스를 한 고객에게 더 제공하기 위해 드는 비용이다. 이통사가 현재 1,200만 가입자를 보유하고 있다면, 1,200만 1번째 고객에게 서비스를 제공하기 위해 드는 비용이다. 실제로 얼마나 더 들겠는가. 말할 필요도 없이 거의 0에 가까울 것이다. 이미 통신 서비스 제공에 필요한 네트워크 설비를 완료했기 때문에 추가 서비스에 드는 비용은 0에 가깝다.

그렇다면 고객 한 사람을 더 늘려 얻게 되는 수입은 얼마일까. 이것을 한계수입이라고 한다. 대략 월 5만 원의 사용료를 낸다면, 1년이면 60만 원이고 3년이면 180만 원이 된다. 주먹구구로도 3년 약정 고객에게는 100만 원이 넘는 무료 서비스를 제공해도 남는 장사 아닌가.

이통사뿐만이 아니다. 영화표도 공짜가 많고, 음악회나 기획 공연도 공짜가 많다. 더 점잖게 표현하면 초대권이 많다. 또한, 흥행 중인 공연도 마지막 표를 아주 싸게 팔 때가 잦다. 그래서 브로드웨이에서는 공연 직전의 마지막 표를 구하기 위해 젊은 사람들이나 관광객들이 긴 줄을 서 있다. 이것도 한계비용으로 생각하면 의문이 쉽게 풀린다. 객석이 한정되어 있긴 하지만, 관람객 한 사람 더 받는 데 드는 비용은 거의 없다.

물론 완전히 무료라면 한계 수입도 0이겠지만, 그래도 빈 좌석으로 놓아두는 것보다는 한 사람이라도 더 받는 게 홍보에 도움이 될 것이다. 게다가 극장 내에서 비싼 음료수나 팝콘 하나라도 더 소비해준다면 금상첨화 아닌가. 호텔의 미니바처럼 이런 부수입도 만만치 않은 게 사실이다.

항공사는 어떤가. 극장처럼 비행기 좌석도 한정되어 있다. 무대 막이 오르는 것처럼, 일단 이륙해버리면 빈 좌석은 손실이 된다. 승객을 늘릴 때마다 추가로 소요되는 한계비용도 0에 가깝다. 따라서 극장처럼 승객을 될 수 있는 대로 많이 태워야만 수입이 늘어나는 구조로 되어 있다. 따라서 항공사들은 몇 달 전부터 경쟁사와 치열한 할인 경쟁을 벌이며 승객을 유치한다. 초기에는 주로 값싼 요금으로 관광객을 유치한다.

그런데 극장과는 달리 마지막 표는 아주 비싸게 판다. 왜 그럴까? 누가 출발 당일에 표를 구하는가. 출장이나 긴급한 용무로 떠나야 하는 사람들이다. 비싼 요금도 출장비로 결제하는 고객들이다. 항공사에는 물론 관광객들을 위해서도 꼭 필요한 고객들이다. 글자 수가 제한된 칼럼에 들어가는 마지막 한 줄처럼 귀한 존재들이다.

그런데 떠나기 직전까지도 좌석이 빈다면? 이 순간, 요금 할인은 안 된다. 마지막 푯값은 끝까지 비싸게 유지해야 하니까. 대신 다음 비행기를 기다리는 손님부터 태워야 한다.

자, 오늘의 경제학 명제! 한계비용이 저렴한 비즈니스라면 공짜 손님으로라도 빈자리를 채우는 게 좋다. (〈매경이코노미〉, 2008. 9. 17)

불황 끝을 장식하는 인플레이션

금융시장에 봄기운이 돌면서 벌써 인플레를 걱정하는 사람들이 늘고 있다. 그들은 전 세계에서 풀릴 천문학적인 돈 때문에 인플레 후유증을 겪게 되는 건 아닌지 우려한다. 경기를 살리자면 돈을 풀어야 하고, 돈을 풀자니 인플레를 걱정할 수밖에 없다니, 경제 정책은 이처럼 서로 상충하는 현상을 놓고 고민에 빠질 때가 많다. 물론 아직도 인플레를 걱정할 만큼 한가한 시절은 아니지만, 불황과 인플레 폭탄 중의 하나를 선택하라면 과연 어떻게 해야 하나?

실제 1920~1930년대 미국과 독일에서는 상반된 경제정책을 선택해 서로 다른 고통을 겪었던 사례가 있었다. 물론 당시 피해가 가중된 게 경제학의 무지로 발생한 것이 사실이지만, 그래도 두 나라의 선택은 너무나 대조적이었다.

우선 미국은 1930~1932년 사이에 가벼운 경기침체를 겪었지만, 인플레를 너무 걱정하다가 대공황을 맞은 셈이다. 당시 연방준비제도이사회 FRB는 통화의 실질 공급량을 30퍼센트나 감축했고, 이것은 곧 수많은 은행의 도산을 불러온 직접적인 계기가 되었다. 불황 속에서도 FRB는 오히려 더 긴축을 강화했다.

이것뿐만이 아니다. 당시 대통령 허버트 후버가 제정한 스무트홀리 관세법Smoot-Hawley Tariff Act은 국제무역을 65퍼센트나 감소시켰고, 줄어든 세수를 확보하기 위해 소득세의 최고세율을 25퍼센트에서 63퍼센트까지 인상했다. 물론 어떤 경제라도 이렇게 긴축을 하면 인플레이션은 뿌리째 박멸될 것이다. 이 결과 미국은 인플레 억제에는 성공(?)을 거두었지만, 대신 실업률이 25퍼센트에 이르는 대공황을 맞게 되었다.

한편 독일의 바이마르공화국은 1914~1923년 미국과는 완전히 대조적인 길을 걸었다. 제1차 세계대전이 끝날 무렵 독일은 불황 대신 심각한 슈퍼 인플레이션을 경험하게 된 것이다. 당시 독일은 전후 복구를 위해 재정 확대가 필요했지만, 미국과는 달리 세금을 올리지 않았다. 전후 침체를 우려해 감히 세금인상이나 긴축 정책은 미처 꺼내지도 못했기 때문이다. 오히려 이자율을 낮추고 화폐공급량을 늘리는 등 재정적자를 확대해나갔다. 대신 재정의 50퍼센트는 돈을 찍어 조달했다.

이 결과 독일은 극심한 인플레이션을 겪어 마르크화의 가치가 1914~1923년 사이에 무려 1조 배나 떨어졌다고 한다. 중산층의 저축은 인플레로 날아갔고, 오히려 은행대출을 이용해 전체 산업의 20퍼센트를 갖게 된 휴고 스틴스Hugh Stinnes 같은 거부가 등장했다. 독일의 인플레는 결국 화폐개혁을 통해 해결의 실마리를 찾게 되었지만, 불황 못지않게 심각한 고통을 불러왔다.

미국과 독일은 서로 다른 선택을 하고, 전혀 다른 결과를 유발했지만, 두 나라 모두 극심한 고통을 피할 수 없었다. 어떤 선택이 더 바람직했다고 평가하기조차 어렵다. 굳이 우열을 가리자면, 역사적 경험은 대체로 불황은 오래가지만 인플레는 단기간에 제압될 수 있는 특징을 갖고 있다고나 할까.

최근 세계 각국도 재정확대에 총력을 기울이고 있다. 미국은 3,000억 달러, 영국은 7,500억 파운드를 중앙은행으로부터 조달해, 연율로 각각 재정의 15퍼센트와 65퍼센트를 의존하는 셈이다. 영국은 이미 바이마르 공화국의 50퍼센트를 넘은 셈이다.

현 위기에서는 당연히 불황 극복을 위해 인플레를 감수하는 게 모범답안일 것이다. 따라서 위기 이후에는 반드시 인플레이션이 등장하고, 정책은 다시 긴축 상태로 전환하게 될 것이다. 이렇게 되면 경기는 W자 형태나 L자의 끝이 요동을 치는 형태가 될 가능성이 높다. 이래저래 한번 추락한 경제가 안정을 찾으려면 상당한 시간이 소요될 수밖에 없다. (〈매경이코노미〉, 2009. 4. 29)

14

양적 완화와
세뇨리지 효과

2010년 11월 미국 연방준비제도이사회FRB가 제2차 양적 완화QE정책을 확정했다. 2008년 위기 때 시작된 1조 7,000억 달러에 이어 2011년 6월까지 무려 6,000억 달러(약 660조 원)의 통화를 새롭게 공급한다는 것이다. 0퍼센트의 기준금리를 더는 낮출 수 없으니 정부 국채를 FRB가 사들이는 방식으로 유동성 공급을 확대하는 정책이다. 더블딥 우려를 불식시키고 세계경제를 안정적으로 회복시키기 위해 불가피한 조치라고 한다.

그런데 과연 그럴까? 이번 양적 완화는 FRB의 설명대로 아무런 부작용 없이 경제를 회생시키는 긍정적인 효과만 가져올 것인가?

물론 실질적인 정책효과는 상당한 시간이 지난 후에 제대로 평가할 수 있다. 그러나 FRB의 양적 완화가 발표되자마자 세계 곳곳에서 즐거운 비명과 괴로운 탄식이 동시에 쏟아져나오고 있다.

그러나 소비자들은 머지않아 물가 폭등을 감내할 수밖에 없을 것 같다.

원유와 원자재 가격에 이어 모든 제품과 서비스의 가격도 덩달아 오를 것이다. 경제 전반에 인플레이션을 유발하는 효과가 있을 수밖에 없기 때문이다.

정작 미국 국민에게는 어떤 영향을 미칠 것인가? FRB의 의도대로 경제 회복이 빨라지면 더할 나위 없이 좋겠지만, 경기부양이라는 결과보다 더 확실한 것이 바로 인플레이션 우려라고 할 수 있다. 특히 미국 달러화 가치의 하락으로 수입 제품의 물가도 상승하게 된다. 이렇게 보면 FRB는 미국 국민에게 인플레이션의 부작용을 안겨주면서 미국 정부의 재정을 돈을 찍어 양적 완화로 메우는 셈이 된다. 정부는 세금을 걷어 자금을 조달할 필요도 없이 FRB로부터 자금을 수혈받은 것이다. 그러나 국민은 비록 세금은 내지 않았지만, 인플레로 실질소득은 감소하게 될 것이다. 실질적으로 정부가 세금을 거둬간 것과 같은 현상이 나타난다.

이런 의미에서 인플레이션도 세금의 한 종류라고 볼 수 있다. 정부는 손쉽게 화폐를 발행해서 자금을 확보하지만, 국민의 지갑 속에 있는 화폐의 가치는 떨어지기 마련이다. 따라서 인플레이션은 곧 화폐를 가진 사람에게 세금을 부과한 것과 같다. 곧 화폐 발행에 따른 수입 확보는 곧 '인플레이션 세금'을 부과하는 것과 같은 것이다. 일반 세금과 다른 한 가지 차이점이 있다면, 그것은 고지서 없는 화폐 주조세와 같다는 것이다.

실제로 '인플레이션 세금'의 뿌리는 상당히 깊다. 중세 봉건영주는 자신의 성내에서 화폐주조貨幣鑄造에 대한 배타적 독점권을 갖고 있었다. 당시부터 화폐주조를 통해 영주의 수입을 확보하는 세뇨리지가 있었던 셈이다. 세뇨리지는 그 어원이 봉건영주를 의미하는 프랑스어에서 나왔다고 한다.

　현대 국가에서의 세뇨리지는 화폐발행권을 가진 중앙정부가 독점적으로 관리한다. 그리고 글로벌 경제에서는 미국과 같이 기축통화를 보유한 나라가 화폐 주조세를 가져가는 셈이다. 미국은 손쉽게 달러를 찍어 화폐 주조세인 세뇨리지를 가져간다. 그러나 그 많은 유동성이 신흥국과 원자재 등으로 가격을 상승시키고 있으니, 봉건영주 시대의 세뇨리지 효과가 21세기 글로벌 경제에도 그대로 나타나고 있는 셈이다. (〈매경이코노미〉, 2010. 11. 24)

3장

거대한 시장, 국가 경제

출구전략은 타이밍이다

중국에 이어 미국이 재할인율을 인상하면서 출구전략의 이행시점이 전 세계 화두로 등장하고 있다. 실제 중국은 2009년에 8.7퍼센트의 GDP 성장률을 기록하면서 과열된 경기를 식히기 위한 긴축정책의 필요성이 제기되어 왔다.

그러나 미국의 조치는 아무리 인상 폭과 파급효과가 적은 상징적인 것이라 할지라도 상당히 전격적인 것으로 받아들여지고 있다. 미국의 경제가 아직 완연한 회복세를 나타내고 있지 않기 때문이다. 나아가 오바마 대통령 스스로 출구전략의 국제적 공조를 강조해왔는데, FRB는 왜 서둘러 풀린 통화를 거둬들이는 정책으로 선회하는 것일까? 과연 어떤 요인이 출구전략의 선택에서 가장 중요하게 고려되어야 할까? 한국의 출구전략은 언제 시행되어야 할까?

출구전략의 적정한 타이밍을 결정하기 위해서는 당연히 경기 흐름에 대한 정확한 평가가 가장 중요할 것이다. 국내외 경기 동향은 물론 인플레이션의 압력, 경상 수지, 고용, 민간투자 등 수없이 많은 지표를 근거로 경제 회복 추세를 판단해야 한다.

경기와 고용, 국제수지 등 거시지표를 고려한다면 당연히 한국도 중국처럼 앞서서 출구전략의 깃발을 들고 나가야 할 것이다. 정부는 항상 한국의 경기회복이 세계에서 가장 빠르다고 하지 않는가.

또한, 재정 건전성에서도 한국은 선진국보다 훨씬 양호한 여건을 갖고 있다. 이것 역시 조기에 금리 인상과 같은 정책을 펼 수 있는 요인으로 평가된다. 금융과 재정을 조합해 경기를 조절할 수 있는 정부의 능력이 크기 때문이다. 이런 이유로 대체로 선진국보다는 개도국이 출구전략을 먼저 시행할 수 있다고 기대해왔다.

출구전략의 타이밍에서 고려해야 할 두 번째 요인은 글로벌 경제 동향이다. 특히 대외의존도가 높은 우리와 같은 경제구조에서는 세계 경기의 향방이 매우 중요하다. 최근 세계경제는 여전히 위기의 여진餘震이 간헐적으로 재연되면서 불안한 흐름을 보이고 있다. 그러나 일부 이머징 마켓을 중심으로 경기회복이 뚜렷하고 선진국 경기도 점차 안정을 되찾는 과정에 있다고 볼 수 있다. 물론 아직도 몇몇 국가의 부도 위험과 미국의 상업용 부동산 부실화 등 잠재적 위험 요인이 건재하고 있지만, 대체로 잔물결 속에 출렁이면서 안정화 코스를 밟고 있는 것 같다.

세 번째 요인은 정책효과의 시차와 선제 대응의 필요성이다. 정책이 여러 경로를 통해 실물경제에 영향을 미치기까지는 적게는 6개월 길게는 2년까지의 시간이 필요하다. 이와 같은 시차를 고려하면 현재의 경기 상황에만 집착해 타이밍을 놓치면 자칫 큰 후유증을 불러올 수 있다. 2008년 8월, 금융위기가 발발하기 직전까지도 경기를 낙관하고 금리를 인상하는 우愚를 범하지 않았는가. 따라서 1~2년 앞을 바라보는 선제 정책대응이 필요한 것이다.

네 번째로는 정책효과의 비대칭성을 의미하는 쿠퍼 효과도 고려해야 한다. 쿠퍼 효과는 경기를 부양하는 정책은 효과가 느리게 나타나지만, 긴축 정책의 효과는 급속하게 미친다는 가설이다. 출구전략은 금리 인하와는 달리 상징적인 수준에서도 시장이 민감하게 반응할 수 있다.

금리는 항상 내리기는 쉽지만 올리기는 쉽지 않다. 정치적 압력 때문이기도 하지만 기업도 개인도 싼 금리로 돈을 빌리고 싶어 하기 때문이다. 그러나 선제 대응의 필요성을 고려하면 이제 우리도 조심스럽게 푼돈을 거두어들일 준비를 해야 하지 않겠는가. 많이 풀린 돈이 시차를 두고 큰 저주를 불러왔던 역사적 사실을 망각해서는 안 될 것이다. (〈매경이코노미〉, 2010. 3. 10)

부동산 거품과
거래비용

　부동산시장의 거품 논쟁이 제기되고 있다. 산업은행 경제연구소는 최근 국내 아파트가격이 미국이나 일본의 거품 붕괴 시점보다 훨씬 더 높다는 보고서를 발표했다. 한국의 가구 소득 대비 주택가격은 현재 6.26배인데 미국과 일본은 2008년에 각각 3.55배와 3.7배에 불과했다는 것이다. 우리나라가 일본과 미국의 평균치인 3.64배 수준으로 내려가려면 주택가격이 평균적으로 2010년 4월 현재의 2억 9,000만 원에서 1억 7,000만 원으로 하락해야 한다는 분석이다.

　더욱이 현재 가격은 장기적인 추세치보다 11.7퍼센트나 높으며, 특히 강남은 31.2퍼센트나 웃돈다. 1987년 이후 누적된 아파트 가격의 상승률도 물가상승률보다 39.3퍼센트나 높다. 서울지역은 무려 80.8퍼센트나 앞선 것으로 나타났다. 이렇게 보면 우리나라의 아파트가격은 상당히 높은 수준이기 때문에 거품논쟁이 나타날 만도 하다.

주택가격이 내려가면 집을 사려는 개인에게는 유리하겠지만, 전국적인 거품 붕괴는 경제 전체에 큰 충격을 가져올 수 있다.

특히 부동산 비중이 높은 가계의 자산구성 때문에 우리 경제 전체에 큰 충격을 가져올 수밖에 없다. 이런 이유로 가격 상승을 억제해오던 정부가 이번에는 이례적으로 앞장서서 아파트가격은 거품 수준이 아니라고 진화하고 있다.

과연 우리나라 주택가격은 버블 붕괴를 우려할 만한 수준일까? 가격에 영향을 미치는 요인이 수없이 많아서 아무도 정확하게 예측할 수는 없다. 특히 주택가격은 경기는 물론 위치와 교통, 교육, 인구구조, 다른 재화와의 상대 가격 등에 따라 변동하므로 예측이 더욱 어려운 게 사실이다.

그럼에도 장기적인 추세와 상대적 가치 등을 평가해 상당히 높은 수준이라면 언젠가는 떨어질 수밖에 없다. 따라서 정책의 핵심은 부동산 가격 변동이 완만하게 이뤄지도록 유도하는 데 있다. 그런데 거래 활성화를 가로막는 정부 규제가 너무 많아, 일단 가격이 조정을 받으면 큰 폭의 등락이 불가피할 것으로 보인다.

이것은 부동산 거래에 관련된 비용을 파악해보면 금방 알 수 있다. 우선 부동산 거래 시 취득세와 등록세를 4퍼센트 내외로 내야 하며, 고가 아파트는 양도 소득세 부담도 만만치 않다.

이런 이유로 거래가 활발하지 않고 가격조정도 완만하게 이뤄지지 않는다. 따라서 불가피하게 매도하려면 큰 폭으로 가격을 낮춰야만 한다. 경직된 규제가 오히려 오를 때는 크게 오르고, 내릴 때는 폭락을 불러오는 현상을 부채질하고 있는 셈이다.

따라서 부동산 거품 붕괴를 걱정한다면, 현행의 취득세와 등록세, 양도세 등을 완화해 거래를 활성화해야 한다. 반대로 투기적 수요는 양도세보다는 보유세를 강화해서 막아야 한다. 높은 거래비용은 시장을 위축시켜 가격의 등락 폭을 확대하고, 거품과 침체가 반복되게 할 뿐이다. 이것이 바로 몇십 년 동안 되풀이된 우리 부동산시장의 특성 아닌가.

맨큐Mankiw는 이런 현상을 '메뉴비용menu cost 효과'라고 지적한 바 있다. 메뉴판을 바꾸는 데 드는 적은 거래비용도 가격의 원활한 조정을 방해해 결국은 큰 폭의 등락을 불러온다는 것이다. 우리나라의 부동산시장도 지금 거래비용이 과다해 가격이 완만하게 조정되지 않고, 언젠가 급등락의 충격을 불러올 위험요인을 안고 있는 것이다. (〈매경이코노미〉, 2010. 4. 14)

그리스, 에게 섬을
팔아야 하나

"그리스는 에게 섬이라도 팔아서 빚을 갚아라. 아니면 문화재라도 팔아야지!"

2010년 3월 기준 재정위기에 빠진 그리스에 섬이나 문화재를 매각하라는 주장이 제기되고 있다고 한다. 그리스는 영화 〈맘마미아〉에서 보여준 아름다운 섬들뿐 아니라 문화재도 풍부하니 그런 요구를 할 만도 하다. 특히 주 지원국인 독일과 프랑스가 남들이 흥청망청 써댄 빚을 왜 부담해야 하느냐고 불평하고 있다.

도대체 얼마나 많은 국가 부채를 갖고 있기에 이 지경에 이르렀을까? 국채는 항상 단기적으로 일시적 효과만 있을 뿐 결국은 그리스처럼 또 다른 문제를 일으키는 것일까? 실제 국가 부채는 그리스가 가장 심각한 것은 아니다. 국내총생산에 대한 비율로 국가채무를 비교하면 일본이 219퍼센트(2009년)로 가장 높으며, 이탈리아(116퍼센트), 그리스(108퍼센트), 인도(85

퍼센트), 미국(85퍼센트), 독일(79퍼센트) 등으로 이어진다. 한국은 35퍼센트로 아직은 양호한 수준이다.

그런데 유독 그리스가 먼저 문제가 되고 있는 것은 채무상환을 위한 국채매각이 순조롭지 않았기 때문이다. 다시 말하면, 절대 규모보다는 국채를 순조롭게 발행해 차환借換을 지속할 수 있느냐가 더 중요하다. 물론 일부에서는 부채비율이 가장 높은 일본도 머지않아 큰 어려움에 봉착할 것이라고 지적하지만, 아직 선진국은 발행시장에서 큰 어려움을 느끼고 있지 않다.

그렇다면 과연 국가부채는 정말 경기를 부양시키고, 장기적으로 경제에 도움이 되는 것일까? 이 질문에 대한 정답은 "Yes or No"다. 왜 그러한가? 정부가 국채를 발행해 경기를 부양하면, 단기적으로는 산출량 증대 효과가 나타나는 것이 사실이다. 그러나 일부 학자들은 국채발행을 통한 재정지출은 실제로는 실물경제에 별 영향을 주지 않는다는 정책효과의 중립성을 주장한다. 대표적인 학자는 19세기 리카도D. Ricardo와 최근의 배로R. Barro 교수다.

예를 들어 정부가 감세減稅하면 현재의 민간소비가 늘어나고 단기적으로 경기부양 효과가 나타난다. 그러나 저축이 줄고 자본축적이 감소해 결국 장기 성장을 저하한다. 또한, 재정적자를 메우기 위해 미래에 세금을 올릴 수밖에 없게 된다. 같은 이유로 오늘 세금을 올리는 대신 국채를 발행해 재정수입을 확보하면, 그 빚도 언젠가 갚아야 하지 않는가. 국채발행은 결국 세금 부담 완화가 아니라 단순한 연기에 불과한 것이다.

이럴 때 미래를 보는 안목이 있는 소비자라면 어떻게 대처하겠는가?

"국채는 언젠가 세금으로 갚아야 할 빚이다. 따라서 그 빚 때문에 정부는 머지않아 세금을 다시 올릴 것이고, 그렇다면 나는 증세增稅에 대비해야지. 종전보다 소비를 더 줄여야겠구나."

국민이 그런 생각으로 행동한다면 국채 발행의 경기부양 효과는 소비 위축으로 상쇄된다. 그리고 국민경제 전체적으로는 저축, 국민소득, 산출량 등이 전혀 변화하지 않는다.

이런 현상을 리카도의 동등성Ricardian equivalence 또는 국가 부채의 중립성National debt neutrality이라고 한다. 이런 효과는 단기 재정정책의 유효성이 떨어지고, 경제주체들이 장기 소득을 기준으로 행동할 때 더욱 크게 나타날 수 있다. 비록 국채 발행을 통해 단기 부양에 성공한다 해도, 경제가 다시 침체해 버린다면, 이것 역시 길게 보면 국채의 중립성 효과에 해당한다. 결국, 국채의 효과는 정부의 효율성 여부에 달린 셈이다. 국채를 효율적으로 활용하지 못하면, 자칫 빚 때문에 에게 섬만 날려 버리고, 경제는 다시 원점으로 되돌아갈 수 있다. (〈매경이코노미〉, 2010. 3. 31)

당신은 이웃을 믿습니까

리더스다이제스트 사는 국가의 신뢰 수준을 파악하기 위해 50달러 상당의 돈과 연락처가 들어 있는 지갑을 주요 도시에 무작위로 뿌려서 얼마나 되돌아오는가를 실험한 적이 있었다. 그 결과는 놀랍게도(?) 북유럽의 핀란드와 스웨덴, 노르웨이 등에서는 회수율이 매우 높았고, 반대로 이탈리아 남부 지방에서는 거의 돌아오지 않았다고 한다. 사회 신뢰 수준이 그대로 반영된 것이다.

북유럽에서는 자물쇠를 채우지 않은 채 길거리에 세워둔 자전거가 많지만, 역시 이탈리아에서는 상상할 수 없는 일이다. 북유럽에서는 쇼핑 중에 아이를 길가에 혼자 놓아두는 게 큰 문제가 안 되지만, 미국에서는 부모가 체포될 수도 있다. 유대인들이 주류를 이루는 뉴욕의 다이아몬드 상들은 수십만 달러의 보석을 아무런 계약도 없이 상당 기간 빌려주는 것이 거의 관례로 되어 있다고 한다. 한 번 신뢰를 깨뜨리면 그 사회에서 완전히 낙인이 찍혀 엄청난 피해를 보는 암묵적인 규범이 지켜지기 때문이다.

그렇다면 우리는 이웃을 얼마나 신뢰하고 있는가? 세계가치관 조사 World Value Survey의 2005~2006년 조사 결과에 따르면 "사람 대부분을 믿을 수 있는가?"라는 질문에 한국인은 10명 중 3명만이 "그렇다"고 대답했다. 이는 스웨덴의 6.8명이나 중국의 5.2명보다도 훨씬 낮은 수준이다. 한국인은 "사람들이 기회가 되면 당신을 이용하는가, 아니면 공정하게 대하는가?"라는 질문에도 대부분 "공정하게 대하지 않고 이용하려 든다"고 대답했다. 정부와 국회, 언론 등 각종 사회기관에 대한 신뢰도 역시 매우 낮게 나왔다. 특히 국회에 대한 신뢰도는 71개 대상국 중 최하위를 나타냈다.

신뢰는 사회적 자본 형성에 근간이 되고 물적, 인적 자본에 이은 '제3의 자본'으로 경제 선진화에 중요한 역할을 한다는 것은 주지의 사실이다. 실제로 삼성경제연구소가 최근에 분석한 종합적인 사회적 자본 지수를 보면 한국은 OECD에서 최하위권에 머물러 있다. 사회적 자본 지수가 가장 높은 네덜란드는 8.29를 기록했지만, 한국은 5.70으로서 이탈리아, 그리스, 헝가리와 유사한 수준을 나타내고 있다. 전체 72개 조사 대상국에서 한국은 에스토니아, 몰타, 키프로스 등과 수준을 기록하고 있다. 경제 규모나 국민 소득에서는 세계 10위권을 논하는 한국으로서는 매우 부끄러운 일이 아닐 수 없다.

한국 사회에서는 사람에 대한 신뢰는 물론 사회를 지탱해주고 있는 정부기관과 사회단체에 대한 믿음이 없고, 나아가 법질서의 공정성에 대한 신뢰도 매우 낙후되어 있다. 서로가 "너를 믿지 못하는" 나라에서는 경제

활동의 거래 비용이 많이 증가하고, 성장 비용도 엄청나게 많아지며, 사회적 갈등이 심화할 수밖에 없다. 이미 사회적 갈등 비용이 GDP의 27퍼센트에 달한다는 분석도 제기되었다. 이런 불신 사회에서 살아가는 게 얼마나 피곤한가.

아직도 우리 사회에서는 학연과 지연, 혈연으로 얽혀진 폐쇄적인 네트워크만 발달해 끼리끼리만 신뢰하는 풍토가 만연되어 있지 않은가. 지금도 정부와 공공단체의 인사가 능력보다는 출신이나 충성을 더 중시한다는 비판을 면치 못하고 있는 것도 신뢰가 부족한 후진사회의 모습 아니겠는가. 얼마나 많은 사람이 폐쇄적 네트워크에 속하지 못해 소외되고 있는가.

G20을 유치하며 국격을 논하기에 앞서 사회의 신뢰 수준을 높이고, 사회적 자본을 확충하는 것이 절실히 필요하다. 정부가 먼저 앞장서고, 국회와 언론, 교육 등 사회 모든 부문에서 서로서로 믿고 공정하게 대하는 신뢰 회복에 심혈을 기울여야 한다. 선진화는 결코 국민소득만으로 이루어지는 것이 아니다. (《매경이코노미》, 2010. 1. 6, 일부 내용은 《제3의 자본》(이동원 · 정갑영 외)에서 인용)

자유시장경제는 쇠퇴하는가

"Milton Friedman: Proud Father of Global Misery!"

좌파 성향이 강한 어떤 단체가 워싱턴을 시작으로 미국 주요 도시에 붙이고 있는 포스터의 격문이다. 2006년에 타계한 프리드먼의 기념관을 건립하기 위해 시카고 대학이 벌이고 있는 2억 달러 모금 운동도 곳곳에서 큰 저항에 부딪히고 있다고 한다. 가장 먼저 버몬트 주의 샌더스B. Sanders 상원의원이 "프리드먼의 이념이 미국의 중산층과 전 세계 근로자들에게 엄청난 피해를 안겨주었는데, 무슨 소리냐"며 반대에 앞장서고 나섰다.

20세기 자유시장경제의 간판스타인 노벨 경제학자 프리드먼에 대한 논란은 어제오늘의 이야기가 아니지만, 최근 금융위기 원인을 놓고 해묵은 이념 논쟁이 여러 학회에서 재연되고 있다. 위기의 원인이 시장 자율과 작은 정부를 주창해온 시장경제 이념에서 비롯된 것인가? 아니면 과잉 유동성과 재정 확대 등 정부의 비대화에서 비롯된 것인가?

그러나 이런 논란과 관계없이 세계 각국에서는 경제위기로 붕괴한 시장을 정부가 메워가는 구조조정이 빠르게 진행되고 있다. 실제로 미국에서도 거대은행들은 물론 제조업의 상징이었던 GM마저 정부가 60퍼센트의 지분을 갖게 되었다. GMGeneral Motors이 GMGovernment Motors으로 전환되는 셈이다. 모든 부문에서 정부 규제가 강화되면서 경제의 관제탑이 시장에서 정부로 이관되고 있는 것이다. 일부에서는 이런 현상이 새로운 패러다임으로 변화하는 구조적 추세라고 주장한다.

흔히 자유주의로도 일컬어지는 시장경제는 사유재산 보호와 작은 정부, 자유무역, 낮은 세금, 규제 완화 등을 표방하고 있다. 이런 관점에서 금융위기 주범도 작은 정부와는 거꾸로 간 정부 부문의 지나친 비대화에서 비롯된 것이라고 분석한다. 실제로 프리드먼은 부시 행정부의 지출 확대와 과다한 부채를 가장 신랄하게 비판하며 작은 정부론을 주창했었다.

또한, 거품을 일으킨 과잉 유동성 공급도 모두 프리드먼의 이념과는 완전히 거꾸로 간 과다한 개입이었다. 그의 전형적인 제안은 시장규칙에 따라 일정하게 X퍼센트의 통화량을 공급하라는 것이다. 정부가 인위적으로 통화 공급을 조절하면, 경제는 오히려 술 취한 운전자가 고속도로를 지그재그로 달려가듯이 경기변동을 더 불안하게 확대하고 거품을 유발하게 된다는 것이다.

나아가 하버드 대학의 슐레이퍼A. Shleifer 교수는 자유주의 정책이 풍미한 1980년대 이후에 인류의 경제발전은 물론 생활 수준과 교육환경이 역사상 가장 크게 개선되었다고 분석하고 있다. 이 과정에서 시장 이념이 그 어떤 경제정책보다도 더 결정적으로 인류를 빈곤으로부터 해방했다고 본다.

　실제로 시장과 정부 역할에 대한 논란은 경제학 역사와 함께 해온 오래된 것이다. 자유방임으로 번성하다가 위기를 맞으면 정부개입이 강화되었고, 규제의 부작용이 심화하면 다시 시장 자율을 강조하는 반복된 과정을 거쳐왔던 것이 사실이다. 그러나 현재까지의 경험은 시장이 모든 현안을 완전히 해결할 수는 없었지만, 정부는 물론 그 어떤 다른 대안보다도 더 많은 문제를 효율적으로 풀어왔다는 사실을 부인하기 어렵다. 아직은 시장만큼 인간의 창의와 혁신을 극대화할 수 있는 제도를 아직 발견하지 못했기 때문이다. 따라서 시장경제는 지속해서 보완되겠지만, 그렇다고 정부의 과다한 개입이 만능은 아니다.

　프리드먼이 남긴 명언은 'Money matters'였다. 그린스펀은 얼마 전 청문회에서 금융완화에 대해 "I made mistakes"라고 답변했다. 이념보다는 오히려 항상 돈이 문제고, 그걸 어떻게 관리하느냐가 더 중요한 것이다. (〈매경이코노미〉, 2009. 7. 1)

06

물가, 함부로
때려잡지 마라

1980년 초 소련에서는 통치자 레오니트 브레즈네프를 비아냥거리는 유머가 널리 나돌았다. 바로 그가 노벨 생물학상을 받아야 한다는 것이었다. 공산당 서기장에게 웬 생물학상을 준단 말인가. 당시 소련은 엄격한 사회주의 원리에 따라 정부가 경제를 철저하게 통제했던 것이다. 식량도 집단 농장에 배정된 물량을 생산해 분배하는 체제였다.

그러나 목표는 항상 미달했고, 배급 가격을 비웃으며 암거래가 성행했다. 통치자의 철권鐵拳이 시장에서는 힘없는 공권空拳에 불과했다. 결국, 그는 서구와의 데탕트를 통해 해마다 미국에서 곡물을 수입해 식량 부족을 해결했다. 국민은 그 넓은 러시아 땅에 씨를 뿌리게 하고 추수는 미국에서 해오는 그를 노벨 생물학상감이라고 빈정거렸던 것이다.

미국은 이보다 훨씬 전에 가격 규제의 쓰라린 아픔을 경험했다. 1777년 펜실베이니아 주 의회는 독립전쟁을 치르고 있는 조지 워싱턴 장군을 돕기 위해 식량과 의류 등 군수물자의 가격통제법을 제정했다. 물가안정과 보급물자의 확보로 전투력을 향상하자는 법이었다. 그러나 법이 시행되자 물가는 폭등했고 농부들은 식량을 내놓지 않았으며 오히려 적군에게 더 비싼 값으로 팔아버렸다.

혹한 속에 극심한 식량부족으로 워싱턴군의 아사자가 속출했다. 부대를 처참하게 무력화시킨 공포의 적은 영국군이 아니라 오히려 아군을 위해 제정한 가격통제법이었다. 워싱턴의 참패를 교훈 삼아 1778년 대륙 의회 는 "재화 가격의 통제는 유효하지 않고, 공공서비스를 극도로 악화시키므 로, 다른 주에서도 유사한 법령을 제정하지 말자"는 결의까지 했다.

경제는 법이나 명령으로 쉽게 움직이지 않는다. 그럼에도 정부는 공권 력을 동원해 물가를 안정적으로 관리하겠다는 환상에 빠질 때가 잦다. 역 대 정부가 매번 물가와의 전쟁을 선포하는 것도 이런 착각 때문이다. 그러 나 과연 그 전쟁에서 어떤 성과를 거두었는가. 시장이 항상 바람직한 결과 를 가져오는 것은 아니지만, 오히려 시장에 역행한 정책 실패가 더 큰 화 를 자초한 역사적 사례가 훨씬 더 많다.

우리 경제도 규제 실패의 비용을 만만치 않게 지급하고 있다. 크게는 1997년 외환위기도 시장에 역행한 환율정책이 중요한 원인의 하나로 지 적되고 있지 않은가. 펀더멘털(경제의 기본)이 튼튼하다며 시장을 외면하다 파국을 맞았기 때문이다. 최근 전세 파동도 누적된 부동산 규제의 부작용 이라는 주장이 많다.

겨울 전력 대란도 빼놓을 수 없는 가격 규제의 오류다. 문제의 핵심은 장기간 전기료를 원가 이하로 규제했기 때문이다. 10년간 등유는 두 배나

올랐지만, 공기업의 전기료는 12퍼센트밖에 인상되지 않았다니 누가 연료를 전기로 대체하지 않겠는가. 전기를 만드는 유류보다 전기가 더 싼 아이러니가 어디 있는가.

값싼 전기 탓인 시장 왜곡은 여기에 그치지 않는다. 한국은 모든 산업에서 생산단위당 에너지 사용량이 가장 많은 나라로 전락해 버렸다. 에너지 의존도는 높고 효율성은 낮으니, 유가가 상승할 때마다 심각한 타격을 받지 않을 수 없다. 누구나 싼 것을 좋아하는 것은 사실이지만 그 때문인 공기업 적자는 누가 보상해야 하나. 엉뚱한 세금으로 메워야 하니 공정하지 않다는 말이다. 전력 부문의 경쟁과 민영화가 추진되었다면 이런 사태는 나타나지 않았을 것이다.

정부가 물가에 개입한다면 최선의 정책은 역시 가격을 원가에 연동하도록 유도하는 것이다. 행여 가격담합이 있다면 불공정거래로 다스리고 규제 완화와 신규진입, 유통구조 개선을 통해 경쟁을 촉진해야 한다. 한때 원가가 폭등한다면 세율을 낮추고, 소외계층에는 제한적인 보조금을 지급할 수 있다.

물가관리는 시장 개입보다는 거시경제의 안정정책이 더욱 중요하다. 실제로 최근의 물가불안은 6퍼센트 성장을 외치며 금리 인상을 머뭇거리던 2010년 하반기부터 예고됐다. 게다가 막대한 흑자를 기록하면서도 고환율을 유지하니 수입물가가 어떻게 떨어지겠는가. 나아가 세계적인 유동성 과잉과 원자재 폭등까지 겹쳐 물가불안이 쉽게 가라앉지 않을 것 같다. 이런 가운데 2011년에도 5퍼센트 넘는 성장을 외치고 있으니 어디에서도 안정 기반을 찾아보기 어렵다.

따라서 지금은 호들갑스럽게 물가관리를 외치며 기업을 압박하고, 대통령 말처럼 가격이 '묘한' 품목을 찾기에 앞서 거시정책의 기조부터 재점검해야 한다. 하루가 다르게 성장과 안정을 뒤집는 정책으로 어떻게 두 마리 토끼를 잡을 수 있겠는가. 주요 20개국G20의 국격을 내세우며 언제까지 1960년대식 물가관리를 지속할 것인가. 말 몇 마디로 물가를 잡을 수 있다면 누구라도 노벨 경제학상을 받을 만하다. (〈동아일보〉, 2011. 1. 21)

07

반복되는 경제위기,
뇌관은 부채

남유럽 재정위기 파문이 확산하면서 회복세를 보이던 글로벌 경제가 다시 혼미에 빠지고 있다. 일부에서는 벌써 유로 체제 붕괴를 경고하고 나섰지만, 비록 최악의 사태를 모면한다 해도 경제 회복에 대한 기대는 당분간 미루어질 수밖에 없을 것 같다. 또 그리스 사태와 유사한 충격이 앞으로도 간헐적으로 나타나 투자자들을 불안하게 만들 것 같다.

실제로 글로벌 위기 이후 크고 작은 파란波瀾이 반복되고, 경제 회복이 지연되는 현상은 어제오늘 얘기가 아니다. 국제통화기금IMF이 분석한 결과로는 놀랍게도 금융위기는 1870년대 이후 최근까지 세계 곳곳에서 수십 차례나 반복되었고, 위기 원인과 파급 경로도 매우 유사한 특징을 갖고 있다.

세계적인 금융위기 효시는 1873년 독일과 오스트리아에서 발생한 증권 시장 붕괴로 거슬러 올라가지만, 가장 참담한 피해를 불러온 것은 당연히

1930년대 초 대공황이었다. 또한, 수차례 거듭된 남미 부채위기, 일본 부동산 거품 위기도 상당한 파문을 불러왔고, 미국과 유럽은 90년대 초 동銅 가격 파동으로 심각한 타격을 받았다. 물론 우리에겐 1997년 IMF 외환위기 폭풍이 상당히 거세게 불어닥친 바 있다.

과거 금융위기 역사를 분석하면 몇 가지 공통적인 특징을 찾아볼 수 있다. 우선은 모든 위기가 금융시장 붕괴와 기업 도산, 자본 유출과 국가 부채 문제 등을 불러왔고, 위기의 상흔傷痕이 쉽게 치유되지 않았다는 사실이다. 위기를 조기에 극복한 사례는 찾아보기 어렵고, 최악의 침체를 벗어난 이후에도 상당 기간 저성장이 지속된다는 것이다. 위기 이전 성장률을 회복하는 데 평균적으로 무려 7년 이상이나 소요된 것으로 나타났다. 물론 모든 위기가 과거 패턴을 답습하는 것은 아니겠지만, V자처럼 조기 회복을 기대하는 것은 상당한 비약이라는 것을 알 수 있다.

역사적 경험이 말해주는 또 다른 교훈은 부채가 바로 위기를 촉발시키는 뇌관雷管이라는 사실이다. 이것은 결코 놀라운 일이 아니다. 2008년부터 지금까지 지속하고 있는 금융위기도 미국의 과다한 민간 부채가 배경이 되었고, 최근 그리스 사태도 국가부채가 촉발한 사건 아닌가. 97년 외환위기도 과다한 부채가 문제였으며, 특히 부채비율이 높았던 대우그룹과 기아 등이 직격탄을 맞지 않았는가. 이번 경제위기에 우리 기업이 선전하고 있는 배경에도 외환위기 이후 획기적으로 개선된 재무구조 건전성이 큰 몫을 하는 셈이다.

최근과 같이 불안정한 경제에서 글로벌 리스크를 줄이는 최선의 전략도 바로 적절한 부채 관리에서 찾아야 한다. 정부는 물론 기업과 가계의 과다한 부채가 경제위기를 촉발하는 방아쇠가 되고, 동시에 작은 외부 충격에도 큰 재앙을 맞는 원천이 되는 것이다. 앞으로 글로벌 위기가 수습되는 과정에서도 이런 현상은 반복적으로 나타날 것이며, 그 피해도 부채가 과다한 국가와 기업에 집중될 것이다.

우리는 과연 어떠한가? 국가 부채는 걱정할 수준이 아니라지만 공공 부문을 통합하면 부채비율이 절대 낮지 않으며, 증가율 자체도 매우 높은 수준을 나타내고 있다. 오랫동안 지속한 저금리 여파로 가처분소득 대비 가계부채 비율도 1.43으로 치솟아 오히려 미국(1.26)이나 독일(0.98)을 추월해 위험 수위에 육박하고 있다. 한마디로 격랑激浪의 글로벌 경제에서 안정적인 성장을 구가하기에는 과다한 수준이라고 할 수 있다.

따라서 지금은 정부와 기업, 가계 모두가 재무 건전성을 개선하는 데 주력해야 한다. 정부도 더는 저금리로 부채를 부추기지 말고, 고성장보다는 지속적인 안정에 더 무게를 두어야 한다. 이것은 곧 격랑에서 살아남기 위한 최소한의 필요조건이기도 하다. (〈매일경제〉, 2010. 5. 19)

08

위기 탈출이
어려운 이유

드디어 미국 정부가 7,000억 달러에 이르는 천문학적인 돈을 풀어 검은 백조black swan에 비유되는 금융위기를 잡겠다고 나섰다. 지구에 사는 모든 사람에게 100달러씩 나눠주고도 남는 돈이란다. 그러나 그렇게 엄청난 돈을 푼다고 발표했음에도 시장은 반신반의하고 있다. 과연 그것만으로 위기 탈출이 가능할까? 갈 길은 먼데 절차는 복잡하고, 게다가 실물경제는 이미 시들어가고 있지 않은가? 좋은 시절에는 몇백억 달러만 푼다 해도 대단한 효과를 기대했는데, 지금은 전혀 다르다.

금융위기의 극복은 마치 영화 〈쇼생크 탈출〉에 비유될 수 있을 것 같다. 한때 촉망받던 은행 간부 앤디는 엉뚱한 살인 혐의로 종신형을 선고받고 그의 인생도 위기로 추락한다. 그는 흉악범들만 수용하는 쇼생크 교도소에 갇혀 온갖 학대와 수모를 받다 천신만고 끝에 탈출에 성공한다. 그가 살인혐의를 받게 된 것도, 탈출에 성공한 것도 일상적으로는 도저히 나타날 수 없는 검은 백조 같은 사건 아니었는가.

미국의 금융위기도 마찬가지다. 누구라도 끝이 보인다고 가볍게 말하기 어렵다. 수많은 변수가 가로놓여 있기 때문이다. 경제는 운명이 사전적으로 정해진 유기체가 아니다. 끝없는 상황에 어떻게 대처하느냐에 따라 운명이 결정될 뿐이다.

위기 탈출이 어려운 이유는 다음 세 가지로 설명될 수 있다. 첫째는 신뢰의 위기에서 비롯되는 뱅크 런bank run의 가능성이다. 공황기의 대량 예금인출은 항상 작은 소문에서부터 비롯된다. 아무리 건실한 금융기관도 한꺼번에 예금이나 채권을 모두 상환할 수 없다. 건실하다는 믿음만 있으면 전혀 문제가 되지 않지만, 신뢰기반에 조금이라도 흠이 생기면 채권자가 몰려들게 마련이다.

그래도 은행이야 정부가 일부라도 보장해주지만, 그렇지 못한 기업은 조그만 소문에도 휘청거린다. 리먼이나 베어스턴, AIG가 모두 이런 이유로 문을 닫지 않았는가. 금융기관뿐만이 아니다. 미국 정부에 대한 믿음이 약해지면, 이젠 국채 상환을 요구할 판이다. 그렇게 되면 상상하기도 싫은, 엄청난 검은 백조가 세계 금융시장을 대혼란에 빠뜨릴 것이다. 신뢰의 위기가 금융 위기를 심화시키는 것이다.

두 번째 악순환은 기업의 부채 상환deleverage에서 비롯된다. 경제 상황이 어려울수록 기업은 부채를 줄이고 현금을 더 확보하려 한다. 달러와 금 같은 국제적으로 안전한 자산을 더 준비한다. 당연한 행동이지만 모든 기업이 동시에 이런 행태를 보이면, 달러를 아무리 풀어도 모자라고 돈 가뭄은 해소되지 않는다. 지금 환율이 폭등하는 것도, 전 세계적으로 유동성이 모자라는 것도 모두 이런 이유 때문이 아닌가.

현금 확보를 위해 우량자산을 팔면 주가가 급격히 내려가고, 이것은 다시 보유자산의 가치를 줄이기 때문에, 결국 부채비율은 크게 낮아지지 않는다. 그럼에도 너도나도 팔아 버리니 주가는 더욱 곤두박질친다. 이것은 신뢰의 위기와는 달리 심리적인 문제가 아니라 실제 유동성의 부족에서 비롯된다.

세 번째 악순환은 집값이다. 이번 금융위기는 주택시장의 침체에서 비롯되지 않았는가. 집값이 올라야만 그 많은 주택 관련 부실채권이 가치를 회복하게 된다. 그러나 아직은 집값이 내려가고만 있다. 더 떨어질 것이라고 기대하는데 누가 집을 사겠는가. 반대로 빚에 쫓겨 팔려는 사람만 마음이 급하다. 가격은 더 내려가고, 수요는 줄어들고, 악순환은 계속된다.

이처럼 미국의 금융위기는 세 가지 악순환이 복합적으로 작용하고 있는 시장실패 사례다. 따라서 유일한 해결책은 역시 강력한 정부의 시장개입뿐이다. 정부가 유동성을 대량으로 공급해 금융시스템에 대한 신뢰를 심어주고, 악순환을 차단하는 소방수 역할을 해야 한다. 그것도 부족하다면 쇼생크에 탈출의 비결이라도 물어봐야 하지 않겠는가. (〈매경이코노미〉, 2008. 10. 22)

09

은행 국유화로
탈출구 찾다

며칠간 영국을 방문하고 있다. 2008년 금융위기는 물론 미국에서 먼저 터졌지만, 그 파장은 이곳에도 예외가 아니다. 초기에는 서브프라임과는 비교적 관련이 적다고 믿었던 영국이었지만, 불과 며칠을 버티지 못하고 주요 은행들부터 유동성 부족으로 심각한 위기에 처한 것이다. 게다가 아이슬란드의 부도 위기까지 겹쳐 금융대국 영국의 자존심이 크게 상처를 받고 있다.

그러나 금융 대국 영국의 모습은 역시 위기관리 능력에서부터 차이가 났다. 영국은 가장 앞서서 신속하게 은행 국유화를 들고 나왔고, 이것이 곧 세계 각국에 금융위기를 탈출하는 벤치마크가 되고 있다. 영국은 스코틀랜드 은행 등 3개 은행에 630억 달러를 투자해 국유화하고, 고객의 신뢰와 경제 안정, 중소기업에 대한 적절한 지원 등을 정부가 보장하겠다고 발표했다. 나아가 미국은 물론 독일과 프랑스 등 유로 경제권에 은행 국유화를 직접 설득한 장본인이 바로 영국 총리 고든 브라운Gordon Brown이었다.

사실 국유화는 미국으로서는 상상하기 어려운 조치였다. 자유로운 시장 경제를 주창하며 사유재산권 보호를 가장 중요한 국가의 책임으로 강조하는 나라가 어떻게 국유화를 선뜻 받아들일 수 있겠는가. 그러나 영국은 신속하고 과감하게 국유화를 들고 나왔던 것이다.

그렇다면 은행 국유화는 얼마나 효과적인 정책 수단이 되는가. 시장이 불안하고 자율적인 회복능력이 없는 불균형 상태에 빠지면 정부 개입이 불가피하게 필요하다. 그러나 정부가 개입하는 방법은 수없이 많다. 그 중에서도 국유화가 금융위기에서 가장 강력한 정책 수단이 될 수 있는 것은 바로 고객들의 신뢰를 확보할 수 있기 때문이다. 금융위기는 고객이 은행을 믿지 못하고 다투어 예금을 찾기 때문에 발생한다. 따라서 국유화는 뱅크 런bank run을 막는 가장 확실한 방법이 아니겠는가.

미국이 그동안 수천억 달러 이상을 구제 금융으로 쏟아 붓고도 시장이 안정되지 못했던 가장 큰 원인은 바로 "그것만으로는 모자라다." "또 부실화되면 어쩌느냐"는 불신 아니었는가. 그런데 이제 은행이 국영기업으로 탈바꿈하니, 국가마저도 믿지 않을 수는 없지 않은가.

위기 탈출을 위한 국유화는 또 다른 장점이 있다. 위기일수록 모든 경제 주체는 국가 경제보다는 자신의 이익을 먼저 챙기려는 유혹에 빠지게 된다. 은행은 중소기업 대출부터 빨리 회수해서 "비 오는 날 우산 뺏기"라는 비난을 받고, 경영자는 기업보다는 자신의 이익을 앞세우는 도덕적 해이에 빠지기 쉽다. 물론 이런 현상은 잘못된 행동은 아니다. 그러나 위기에는 자산을 위한 경제 주체의 행동이 오히려 경제 전체를 파국으로 몰아가는 '구성의 모순'이 심화할 수 있다. 따라서 이런 때 정부가 직접 경영에 개입해 기업과 소외층을 보호하며 위기 탈출을 시도해야 한다.

국유화는 물론 장점만 가득한 게 아니다. 민영화를 외치는 수많은 이유가 있지 않은가. 무엇보다도 세금이 투입되므로 단기적으로는 온 국민에 큰 부담이 된다. 다른 공기업처럼 민간기업보다 경쟁력이 떨어지며, 또 다른 형태의 도덕적 해이도 많이 나타날 수 있다. 그럼에도 경영효율보다는 신뢰가 더 필요한 금융위기 상황에서는 역시 과감한 국유화 조치가 단순한 자금 투입보다 더 효과적이다.

그러나 아무리 국유화가 효과적이라 해도 한 가지 조건은 붙여야 한다. 시장이 안정되는 대로 조기에 민간에게 매각해야 한다는 것이다. 장기적으로는 효율성이 가장 중요하기 때문이다. 이번에 브라운 수상도 이 점을 강조해, 대처 수상이 민영화를 지지했던 영국인들의 박수를 받고 있다. (〈매경이코노미〉, 2008. 10. 29)

10

벼랑 끝에 선
북한 경제

1777년 미국 독립전쟁의 분수령이 되었던 워싱턴 장군의 밸리 포지 전투는 정부의 잘못된 시장통제가 빚은 참상慘狀의 교훈으로 자주 인용된다. 엄동설한의 전투에서 그의 가장 큰 적敵은 결코 영국군과 독일 용병이 아니었다.

오히려 아사 상태에 빠진 아군의 식량 조달을 돕기 위해 제정된 엄격한 가격 통제법이었다. 정부의 시장 통제가 아군인 워싱턴의 군대를 처참하게 무력화시켰던 것이다. 주민이 목숨을 걸고 위법을 감행하며 더 비싼 가격을 받고 적군에게 식량을 내다 팔았기 때문이다. 그 결과 물자 부족이 더욱 심각해진 아군은 기아와 동상으로 무려 2,000여 명이 목숨을 잃었다.

경제는 목숨이 경각에 달린 위급한 상황에서도 결코 명령만으로 움직이지 않는다. 바로 2010년 3월 북한이 이런 상황에 부닥친 것 같다. 북한은 화폐 개혁과 시장 통제로 계획경제를 되살리려고 했지만, 오히려 민생만 더욱 피폐해져 아사자가 속출하고 있다고 한다. 잘못된 정책으로 제 발등을 찍은 셈이다. 뒤늦게 실패를 자인하고 시장 기능을 재도입하고 있다지만, 북한 경제는 이미 루비콘 강을 건너 벼랑 끝으로 치닫고 있는 것 같다.

'구권 100원을 신권 1원'으로 교환하면 이론적으로는 실물에 아무런 영향을 미치지 않는다. 모든 게 액면만 100분의 1로 달라질 뿐, 실질적으로 종전과 같은 균형을 이룰 수 있기 때문이다. 그러나 명목가치에 더 민감하게 반응하는 화폐의 환각 현상 때문에 그런 개혁은 항상 인플레이션이 뒤따르게 마련이다. 마치 100원짜리가 1원으로 떨어진 것처럼 보여 물가가 쉽게 뛰어오르기 때문이다.

게다가 외환시장을 통제하고, 화폐의 교환 규모에 상한을 두어 사유재산을 환수하니 누가 이런 체제를 신뢰하겠는가. 물자 공급이 차단되면서 쌀값은 50배, 달러는 30원에서 2,000원대로 폭등했다고 한다. 식량은 2010년에도 전 주민의 3개월분인 100만 톤 이상이나 부족하다니 날로 더욱 참담한 모습이 이어질 것 같다.

그렇다고 문제가 곧 풀릴 전망도 희박하다. 교착상태에 빠진 6자회담도, 그랜드바겐도, 북한의 핵 포기 등도 당장 기대하기 어렵지 않은가. 과거의 학습 효과로 남한이나 미국이 쉽게 햇볕정책으로 회귀하지도 않을 것이다. 게다가 무기 수출은 80퍼센트나 감소했고, 유엔의 제재로 수입원도 막혀 버렸으니, 어디서 물자와 외화를 조달해 호구지책을 마련할 수 있겠는가. 생필품 하나 제대로 배급하지 못하고, 몇십 년 모은 장롱 속의 돈까지 화폐 개혁으로 무용화시켰다니, 그런 정부에 누가 충성하겠는가. 비록 강압 통치의 서슬에 눌려 표현은 못 해도 주민의 마음은 이미 돌아섰을 것이다. 중국의 지원으로 간신히 연명한다 해도 이런 체제가 얼마나 버틸 수 있겠는가.

북한의 이런 참상에 우리는 어떻게 대응해야 하는가. 혹자는 여전히 체제 붕괴의 우려는 공연한 기우라고 지적한다. 그렇다고 그저 바라만 보고 있을 것인가. 최근 부쩍 늘어난 붕괴 우려를 간과해서는 안 된다. 기아로 생존을 위협받게 되면 무엇을 더 두려워하겠는가. 주민이 저항하기 시작하면 이런 체제는 걷잡을 수 없이 흔들리게 마련이다.

북한 위험에 불감증이 된 국민도 많다. 그러나 지금은 과거와는 다른 차원의 위험이 다가오고 있다. 혹시 근일이 아니라도 만약 북한이 붕괴한다면, 그 위험을 최소화해야 하지 않겠는가. 위기를 기회로 만들고, 위험을 최소화하려면 체계적인 정책이 필요하다. 지금은 중지를 모아 돌발적인 위험에 대응하는 전략을 마련해야 할 시점이다. 과거의 타성에 젖어 쳐다만 보고 있다가는 우리도 정책의 오류로 밸리 포지의 큰 화를 면할 수 없을 것이다. (〈매일경제〉, 2010. 3. 11)

11

국가
부채 시계

"10,966,337,748,779.71……?"

이게 무슨 해괴한 숫자일까? 영화 '뷰티풀 마인드'의 주인공인 천재 경제학자 존 내쉬가 한때 병에 시달리며 우주로부터 받은 신호라고 주장했던 숫자 같기도 하다. 그런데 사실 이것은 미국의 국가 부채를 나타내는 전광판의 숫자다. 2009년 3월 9일 정오에 10조 9,663억 3,774만 달러가 넘어가고 있다. 뉴욕 맨해튼 6번가에 설치된 부채 시계debt clock는 매초 매우 빠른 속도로 늘어가는 부채규모를 시행간으로 보여주고 있다. 하루에 약 37억 1,000만 달러씩 증가한다니, 지금은 얼마쯤 될까 어림해볼 수도 있다.

부채 시계는 원래 뉴욕의 부동산 사업자 세이모어 더스트Seymour Durst의 아이디어로 1989년 타임스퀘어 근처 42번가에 처음 설치되었다. 늘어나는 부채에 대한 경각심을 높이기 위해서였다고 한다. 실제 부채 시계의 효험 때문인지 미국의 부채는 2000년부터는 감소하기 시작했다. 그러나 당시의 기술로는 전광판의 숫자를 뒤로 가게 할 수 없어, 부채 시계는 한 동안 붉은 커튼으로 가려진 채 빛을 보지 못했다. 그러나 2002년부터 부채가 다시 증가하자, 6조 1,000억 달러에서부터 이 시계도 재가동되었으며, 2004년에 새로운 기술과 디자인으로 단장해 오늘에 이르고 있다. 최근에 부채가 10조 달러를 넘어서면서 머지않아 전광판 숫자가 모자랄 것이라고 걱정하는 사람들이 많아졌다고 한다.

최초의 창안자인 세이모어 더스트는 1995년에 사망했지만, 그의 아들이 경영하는 더스트 회사에서 계속 부채 시계를 관리하고 있다. 생전에 더스트는 상하원 의원들에게 새해마다 카드를 보내면서 "Happy New Year! 당신의 국가 부채 부담은 3만 5,000달러입니다"고 적었다고 한다. 실제로 미국인 1인당 국가 부채가 약 3만 5,000달러를 넘고 있고, GDP의 37퍼센트에 이르고 있다니 천문학적인 숫자가 아닐 수 없다.

그런데 문제는 여기서 그치지 않는다. 미국은 2009년에도 금융시장의 안정과 경기부양을 위해 약 2조 달러의 국채를 발행할 계획이라고 한다. 이렇게 되면 미국의 국가 부채가 그만큼 늘어나고, 국제 금융시장에 미치는 파문이 만만치 않을 뿐만 아니라 우리 경제에도 큰 영향을 미칠 것 같다. 누가 그 많은 국채를 보유하고 있을까? 2009년에 중국, 일본, 영국 세 나라가 약 1조 7,000억 달러를 보유한 것으로 알려졌다.

그런데 앞으로 발행될 2조 달러는 누가 사가겠는가. 예전처럼 중국이나 일본이 사가길 기대하지만, 각국의 사정은 만만치 않다. 국채를 많이 발행할수록 가격은 당연히 내려갈 수밖에 없다. 그렇다고 지금 당장 세계 각국이 보유 중인 미 국채를 매각한다면, 가격은 걷잡을 수 없이 폭락할 것이다. 이것은 모두가 손해 보는 전략이다. 그렇다고 즐겁게 추가해서 사들일 사정도 아니다. 중국은 물론 일본, 영국 등이 모두 자국의 경제침체로 허덕이고 있기 때문이다.

물론 여유가 있는 일반 투자자들은 그래도 믿을 것은 미국뿐이라고 생각할 것이다. 지금 같은 위기에 어떻게 이탈리아나 동구의 국채를 사겠는가. 그래도 미국의 국채가 상대적으로 안전하다고 믿는다. 이런 이유로 미국은 다시 국채발행을 통해 국제 시장에서 달러를 회수한 후 자국 시장에 푸는 형국이 된다. 국제 금융시장에서는 다시 한 번 달러 유동성 부족현상이 나타날 수도 있다.

정부가 국채를 대량으로 발행해 시중 자금을 끌어가는 현상을 구축 효과驅逐效果(Crowding-out effect)라고 한다. 미국의 대량 국채발행 역시 국제 금융시장에 글로벌 구축 효과를 낳게 될 것이다. 국채 시계의 숫자는 또 올라가겠지만, 국제 금융시장에는 달러 유동성 부족현상이 다시 나타날 수 있다. 달러는 많은데, 당장 쓸 수 있는 달러는 찾기 어려운 형국이다. (〈매경이코노미〉, 2009. 3. 25)

12

갈 곳 없는
출구전략의 딜레마

경기 지표가 밝아지면서 '출구전략exit strategy'이라는 생소한 용어가 회자하고 있다. 출구出口는 나가는 곳이니 현재 상황에서 어떻게 빠져나가느냐를 의미하는 표현으로 쓰고 있지만, 영어를 직역하다 보니 우리에겐 그 의미가 여전히 생소하기만 하다. 출구보다는 차라리 비상구가 더 친숙한 표현이겠지만, 그건 용도가 달라 바꾸어 쓰기에 적합하지 않은 것 같다.

출구전략은 원래 군사전략에서 유래한 것으로 곤경에 빠진 상황에서 탈출하는 대책이란 의미로 쓰인다고 한다. 특히 베트남 전쟁에서 승리를 거두지 못한 미국이 인명과 재산 피해를 최소화시키면서 빠져나오는 방안을 논의하면서 출구전략이라는 용어가 등장했다고 한다. 최근에는 미군이 UN 평화유지군으로 참가했던 소말리아 내전과 유고슬라비아에서의 세르비아와의 전쟁, 부시 대통령이 주도했던 이라크 전쟁 등에서 사용된 출구전략이 관심을 받기도 했다. 모두 완전한 승리를 거두지 못한 채 여론의 질타를 받으며 퇴각 전략을 마련했던 사례들이다.

이런 관점에서 보면 출구전략이라는 의미가 그렇게 호의적인(?) 표현은 아니라는 것을 알 수 있다. 이번 위기에서도 정부가 어떻게 명예롭게(?) 발을 빼느냐는 대책이 바로 출구전략이다. 그동안 정부가 천문학적인 통화 공급과 재정지출 확대를 통해 경기를 부양해왔는데, 이제는 경기가 어느 정도 궤도에 오른 시점에서 '적절히 빠져나오는 정책'을 준비하라는 것이다.

그러나 경제에서는 출구전략이 진입전략entrance strategy보다 훨씬 어려운 경우가 많다. 정부가 빠져나온 이후의 경기 상황이 문제 되기 때문이다. 경기회복의 기조가 지속 가능하다면 당연히 정부는 빨리 빠져나오는 것이 바람직하다. 그러나 누가 무슨 잣대로 그것을 예측할 수 있겠는가? 기업인과 소비자에게 물어보라. 분명히 아직도 경기회복은 멀었다며, '출구'는 시기상조라고 말할 것이다.

그렇다고 출구전략이 너무 늦어지면 팽창정책의 부작용으로 경제 전반에 인플레이션이 심각해질 수도 있다. 또한, 경기회복에 따른 원자재 가격 상승으로 생산비도 크게 높아질 수 있다. 이 두 개가 합해져서 스태그플레이션이 될 수도 있다. 따라서 정부가 재정 적자를 줄이고, 늘어난 통화량을 조절해야 할 시점이 점점 더 가까워지고 있다.

출구전략의 딜레마는 여기에 그치지 않는다. 경기가 회복될 때와 식어갈 때는 정부 정책의 효과가 반드시 같게 나타나지 않기 때문이다. 다시 말하면, 경기를 살리기 위해 시행하는 부양정책의 효과는 최소한 6~9개월의 시차가 있고, 정책효과의 유효성도 떨어질 때가 잦다. 돈을 많이 뿌리고 이자율을 낮추어도 경기는 좀처럼 살아나지 않을 때가 많은 것이다. 그러나 과열된 경기를 식히는 긴축정책의 효과는 즉각적으로 나타난다.

실제로 2008년 9월 이후 세계 각국은 재정지출을 확대하고, 금리를 낮추며, 팽창정책을 집행해왔다. 그 정책의 결과 6~9개월 만에 경기회복의 기미가 나타나고 있다. 그러나 만약 금융당국이 지금부터 출구전략을 집행하여 긴축으로 선회한다면, 그 정책의 파장은 매우 빠르게 경제를 냉각시키게 된다는 것이다. 이렇게 침체기와 회복기에 금융정책의 유효성이 서로 비대칭적으로 다르게 나타나는 현상을 쿠퍼 효과Cooper effect라고 한다.

한마디로 요약한다면 정부나 중앙은행이 팽창정책으로 경기를 살리는 데는 상당한 시간이 필요하지만, 긴축정책으로 경기를 냉각시키기는 너무나 쉽다는 것이다. 출구전략의 타이밍이 절묘하지 않으면 힘겹게 살아나는 경기를 쉽게 꺾어버릴 수 있다. 그렇다고 마냥 미룰 수도 없다. (〈매경이코노미〉, 2009. 8. 12)

13

대지진의
경제학

2011년 3월 11일 발생한 일본 대지진의 경제적 파장은 얼마나 크게 나타날까? 언론마다 천차만별의 예측기사들이 난무하고 있다. 잃어버린 20년의 시름에 젖은 일본경제를 완전히 초토화할 것이라는 최악의 상황에서부터 오히려 결정적인 성장의 전기를 만들게 될 것이라는 전망도 나온다. 엔화 환율에 대한 변동성도 마찬가지다. 강세가 이어진다는 전망과 결국 약세로 돌아설 것이라는 상반된 예측이 나오고 있다. 과연 지진과 같은 천재지변의 경제적 효과는 어떻게 계측해야 할까?

지진이나 태풍 등의 천재지변은 생산시설과 주택, 도로 항만 등 국가의 생산기반과 사회간접자본을 훼손시킨다. 경제에서는 생산시설이나 사회간접자본과 같은 개념의 변수를 저량貯量이라고 한다. 저량은 소득처럼 일정 기간에 걸쳐 발생하는 유량流量의 변수와 구별된다. 지진은 일차적으로 저량에 해당하는 국부國富를 파괴한다.

그러나 다른 한편으로는 피해 복구를 위해 엄청난 투자를 단행할 것이므로, 이것은 다시 소득을 창출하는 효과가 있다. 비록 지진 피해로 국부國富가 감소했다 할지라도, 적극적인 복구활동으로 유량의 소득을 증가시킬 수도 있다. GDP와 경제성장 등도 모두 유량의 변수다. 물론 지진이 생산시설에 결정적인 타격을 준다면, 생산활동이 저해되어 소득 창출에 큰 제약요인이 된다. 이 경우 GDP가 증가하려면 사라진 생산시설로부터 얻을 수 있었던 소득을 복구활동으로 완전히 메워주어야 하기 때문이다.

따라서 지진이 경제성장에 미치는 영향은 파괴된 생산시설의 규모와 복구활동의 수준에 따라 결정된다. 생산시설과 사회자본 등의 국부 파괴가 너무 심하다면 복구활동이 아무리 활발해도 GDP 성장률이 단기에 플러스로 전환하기 어려울 것이다. 복구가 원활하게 이루어진다 해도 생산 활동이 정상화되어 소득이 창출되려면 상당한 시간이 필요하기 때문이다. 물론 부富의 손실을 완전히 회복하는 데는 더 많은 시간이 필요할 수밖에 없다.

세계경제에 미치는 영향은 더욱더 복합적이다. 세계 3위 경제 대국의 피해는 당연히 글로벌 경기회복에 찬물을 끼얹는 결과를 가져올 것이다. 그러나 구체적인 결과는 여러 차원에서 평가되어야 한다. 우선 수요와 공급의 차원에서 검토해 보자. 일본의 저성장은 세계 시장의 수요 감소를 불러오게 될 것이다. 따라서 일본에 많이 수출하는 산업은 큰 피해를 보게 된다.

그러나 공급 측면에서 보면 얘기가 달라진다. 일본은 자동차와 반도체 등의 주요 수출국이다. 이번 지진으로 공급에 차질을 빚는다면, 일본과 경쟁하는 국가들은 반사이익을 예상할 수 있다. 또한, 복구사업이 일본판 뉴딜처럼 대규모로 전개된다면 전후戰後 개발 사업처럼 큰 호황을 누리는 산업도 등장할 수 있을 것이다. 따라서 실제 미치는 산업별 영향은 피해 상황과 산업의 수급 분석이 필요하다.

엔화 환율에 미치는 영향은 더욱 복잡하다. 엔캐리 트레이드가 활발해지면 엔화는 지속해서 강세를 나타나게 될 것이다. 국외에 투자된 엔화자산이 국내 복구 사업을 위해 일본으로 회귀하는 과정에서 엔화에 대한 수요가 급증하기 때문이다. 흔히 와타나베 부인의 엔케리 트레이드라고 부른다.

그러나 일본의 중앙은행과 정부는 복구사업을 위해 대규모 확대정책을 단행할 것이다. 일본은 국가 부채비율이 GDP의 200퍼센트에 달하고 있지만, 아직도 비상시에 적자재정을 확대하는 것은 가능한 일이다. 이것은 모두 장기적으로 엔화를 약세로 움직이게 하는 요인이 된다. 따라서 엔화 환율은 이 두 요인에 의해 상승과 하락을 거듭하며 불안정한 모습을 나타내게 될 것이다. (〈매경이코노미〉, 2011. 3. 30)

4장

알아야 힘이 되는 세계 경제

01

버냉키 의장의 딜레마

지난 30년 동안 미국 연방준비제도이사회FRB 의장을 맡은 사람은 불과 셋뿐이었다. 1979년 지미 카터 정부 때 임명된 폴 볼커와 1987년부터 18년 동안 자리를 지킨 앨런 그린스펀, 그리고 현재 벤 버냉키 의장이다. 2009년 8월 26일 버락 오바마는 금융정책의 일관성을 중시하는 전통에 따라 부시가 임명했던 버냉키를 그대로 연임시키기로 했다.

2010년 1월 임기를 새로 시작하게 되는 버냉키 의장은 앞으로 4년간 중앙은행 수장으로서 미국 통화정책을 다시 한 번 이끌게 됐다.

실제로 미국 경제는 누가 FRB를 맡느냐에 따라 극명하게 다른 성과를 보여 주었다. 1979년 취임 당시 15퍼센트대 물가 상승으로 전후 최악의 미국 경제를 떠맡은 볼커는 '공적公敵 인플레이션'을 잡기 위해 12퍼센트로 금리를 인상하는 '토요일 밤의 학살'을 단행했다. 이어 1981년에는 20퍼센트까지 끌어올렸다.

물론 초고금리 정책의 여파는 대단했다. 20퍼센트라는 대출 금리를 상상해보라. 당장 기업 파산이 속출하고 실업률은 10퍼센트로 급등했다. FRB 건물 앞에는 농산물을 태우는 농민들과 벽돌 장벽을 쌓는 건축업자들, 자동차 열쇠를 관에 싣고 온 딜러 등 시위대로 연일 북새통이었다. 2미터가 넘는 거구의 볼커는 신변에 위협을 느껴 권총까지 갖고 다녔다고 한다.

당시 국민의 공적公敵은 인플레이션이 아니라 바로 볼커였다. 그러나 "인플레이션을 퇴치해야 불황을 극복한다"는 그의 주장은 그대로 적중했다. 불과 3년 만에 4퍼센트 물가로 성장기반을 구축했고, 볼커는 국민의 공적에서 20세기 최고 중앙은행 수장으로 승격되었다.

볼커에 이어 경기 호황을 주도한 그린스펀은 전혀 다른 정책을 선택했다. 저금리와 금융 완화로 닷컴 버블과 부동산 거품을 불러왔다. 결국에는 자신이 명명한 대로 '100년 만의 위기'까지 가져왔다. 그린스펀은 한때 장기 호황을 만든 '금융황제'로 평가받기도 했지만, 결국엔 청문회에 호출되어 자기 실수를 고백하는 수모까지 겪게 되었다.

2006년에 등장한 버냉키는 한동안 저금리 정책으로 일관해 이번 위기의 책임론에서 벗어나지 못했지만, 다행히 과감하고 혁신적인 긴급 처방으로 경제를 안정시키는 데 성공했다.

얄궂게도 대공황 연구로 박사학위를 받은 그가 자기 논문이 옳았다는 사실을 실제 정책으로 증명한 셈이다.

그러나 버냉키의 딜레마는 지금부터 시작이다. 겨우 신용위험은 극복했지만, 실물경기의 혼란 속에 실업률은 10퍼센트에 육박하고, 투자와 소비는 움직이지 않고 있다. 재정적자는 2009년 기준 2조 달러에서 수년 내 9

조 달러에 이를 것이라고 한다. 이런 난국에 섣불리 금리를 올릴 수도 없다. 그렇다고 더는 제로 금리로 돈을 쏟아 부으며 국채 매입을 늘릴 수도 없다. 응급처방이 지속하면 머지않아 인플레이션 압력이 고조되어 또 다른 파국을 맞게 될 것이기 때문이다.

실제로 이것은 버냉키만의 딜레마가 아니다. 오히려 경기회복이 빠른 우리와 중국 등이 먼저 부딪히게 될 과제다. 역사는 분명 볼커의 해법이 그린스펀보다 더 바람직하다는 것을 보여 주고 있다. 그러나 과연 누가, 언제 국민의 공적公敵으로 앞장서서 나서겠는가. 모두 버냉키의 선택만 기다리는 형국이다.

우리 정부의 딜레마는 더욱 심각하다. 경기지표 호전 속에 부동산과 증시는 벌써 달아오르고 있다. 그러나 외부여건은 아직도 불안하고, 중소기업과 내수 부문도 여전히 심각하다. 게다가 중도실용의 친서민까지 들고 나와 섣부른 '출구전략' 논의는 더욱 어려워진 것 같다.

그렇다고 마냥 버냉키만 바라보고 있을 것인가. 차라리 정책조정에 앞서 케케묵은 전근대적 제도라도 제대로 개선하자. 노사제도가 대표적인 사례 아닌가.

이번 위기에 정부가 과연 무엇을 개혁했는가. 이미 지하 벙커도 사라진 것 같고, 구조조정이나 개혁 의지도 찾아보기 어렵다. 그러고도 어떻게 기업에 투자를 독려할 수 있겠는가. 더 늦기 전에 정부가 서둘러 위기 이후를 준비해야 한다. (〈매일경제〉, 2009. 9. 3)

02

글로벌 불균형,
어찌해야 하나

　세계 각국에서 경기회복의 기운이 감돌고 있는 것 같다. 한국을 비롯한 신흥 시장에서 선행지표들이 강한 반등세를 나타내고 있다. 이번 위기의 근원지였던 미국에서도 바닥 탈출을 알리는 신호들이 감지되고 있다. 기업 실적의 개선을 빌미로 증권시장이 달아오르고 있어서 일부에서는 벌써 과열을 걱정하기도 한다.

　그러나 이런 분위기 속에서도 아직 세계경제 회복을 낙관적으로 보지 않는 전문가들도 상당히 많다. 또한 각국마다 사정은 다르지만, 미국과 같이 투자나 소비가 아직 회복되지 못했거나 고용사정이 여의치 않아 실업률이 고공 행진을 하는 나라도 많다.

　물론 이런 내부적 문제 이외에도 세계경제가 해결해야 할 구조적 요인들이 많은 게 사실이다. 가장 대표적인 현안이 바로 글로벌 불균형이다. 트리핀Triffin은 이미 50년 전에 미국의 만성적인 적자가 달러를 세계에 공급해야만 하는 기축통화의 저주에서 비롯된 것이라고 설명한 바 있다. 세계경제가 원활하게 움직이기 위해서는 달러의 지속적인 공급이 필요하다. 그리고 이런 역할을 제대로 하려면 미국이 경상수지 적자를 내야만 가능하다는 설명이다. 실제 트리핀의 예측대로 미국은 기축통화국으로서 저주(?)를 받으며 지난 수십 년 동안 적자를 누적시켜왔다.

국제거래에서는 누군가 적자가 나면 어디선가 흑자가 나타난다. 미국의 적자를 누가 흑자로 누렸는가. 1970년대 석유 파동을 계기로 산유국의 흑자가 큰 폭으로 증가했다. 1980년대 이후에는 중국을 비롯한 신흥경제권에서 엄청난 흑자를 누렸으며, 일본도 흑자를 누적시켜왔다. 예를 들면, 미국의 경상수지는 2008년에 국내총생산GDP의 4.7퍼센트까지 적자가 확대되었지만, 중국은 반대로 GDP의 9.9퍼센트까지 흑자가 확대되었다. 흑자국과 적자국의 불균형이 지속해서 확대되어온 것이다.

다른 시각에서 보면 미국은 과다한 소비로 자국의 수출보다 훨씬 더 많은 수입을 했고, 중국은 정반대의 길을 걸어왔다. 즉, 미국의 과다한 소비를 기반으로 신흥경제권은 고도성장을 구가해왔으며, 이런 불균형의 패턴이 점점 더 심화하면서 미국은 결국 금융위기를 맞게 된 것이다.

미국은 물론 어떤 형태로든 자국의 불균형을 없애야만 한다. 그러나 지금은 미국이 불균형을 치유하려고 노력하면 할수록 오히려 세계경제는 불안해질 수밖에 없는 딜레마를 안고 있다. 실제로 2009년 기준 미국은 위기 이후 소비가 위축되고 반대로 저축률이 급속히 상승해 6.9퍼센트까지 올라갔다. 다시 말하면, 미국은 소비를 줄여 적자규모를 감소시키고 있다. 한국이나 중국의 관점에서 보면, 수출시장이 그만큼 감소하고 있는 셈이다. 미국의 소비가 5퍼센트 줄어들면, 대략 중국시장의 1/8이 사라지는 것과 같다. 미국의 적자가 줄어들면 글로벌 경제의 성장은 오히려 지체될 수밖에 없다. 세계경제가 다시 트리핀의 딜레마에 걸려 있다. 미국의 균형회복과 글로벌 경제의 안정이 양립하기 어려운 형국이 된 것이다.

반면 신흥경제권은 위기를 겪을 때마다 외화보유고를 확대해, 자국 경제의 안정을 담보하려 한다. 따라서 수출로 흑자를 쌓아야 하는데, 이것은 오직 미국의 적자를 전제로 가능한 일이다. 서로의 이해관계가 어긋나고 있다. 물론 기축통화국(미국)의 적자규모가 더욱 확대되면 이것 역시 세계경제의 불안정성을 심각하게 위협하게 된다. 당장 달러 가치의 불안정성이 확대되지 않았는가.

따라서 국제간 조율을 통해 글로벌 불균형을 없앨 수 있는 '그 무엇'을 찾지 못한다면 당분간 세계경제는 붐과 버스트boom & bust를 지속할 수밖에 없는 속성이 있다. 글로벌 불균형은 과연 영원히 해소될 수 없을까? (〈매경이코노미〉, 2009. 9. 9)

위기 이후의
글로벌 패러다임

얼마 전 런던의 테이트 모던 아트 갤러리를 방문할 기회가 있었다. 그곳에서는 마침 영국 최고 권위의 터너 상을 받은 마틴 그리드의 작품을 전시하고 있었다. 현대 미술 작품 중에는 새롭고 난해한 것들이 많다. 그리드의 작품도 예외는 아니었다. 특히 텅 빈 자리에 아무런 전시물도 없이 그냥 제목만 붙어 있는 작품(?)이 두드러졌다. '작품 번호 850'이라고 붙어 있는데 아무리 찾아봐도 그림이나 설치물이 없었다. 마치 아직 작품 준비가 안 된 공간처럼 보였다. 특이한 사실이 있었다면, 유명 갤러리답지 않게 운동복을 입은 사람이 관객들 사이로 달리고 있다는 점이었다.

이런 무례도 선진국에서는 자유의 이름으로 용인되는 것일까. 실제로 눈살을 찌푸리며 '달리는 사람'을 쳐다보는 관객도 있었다. 그러나 그건 고정관념에 사로잡힌 문외한의 생각이었을 뿐, 그 화랑을 '달리는 주자走者'에게 숨어 있는 예술가의 기발한 발상을 이해하는 데는 긴 시간이 필요치 않았다. 30초마다 86미터의 화랑을 한 바퀴씩 도는 그 사람이 바로 그리드의 '작품 850번'이었기 때문이다. 어떻게 그럴 수 있겠는가?

큐레이터의 설명에 따르자면, 조각은 전통적으로 오브제를 움직이지 않는 고정된 물체로 만든 것이다. 예를 들어, 신이나 유명한 운동선수나 누드 등 모든 조각 작품은 그 오브제의 아름다움을 정태적으로만 표현한다. 거기에 비하면 살아 움직이는 동태적 인간의 모습은 얼마나 아름다운가. 하지만 전통적 방법으로는 주자走者처럼 살아 움직이는 아름다운 모습을 도저히 보여줄 수 없다는 한계를 가진다. 그래서 그리드가 선택한 방법이 바로 생생하게 살아 있는 실물을 작품으로서 뛰게 하는 것이었다.

얼마나 대담한 발상의 전환인가. 아, 이것이 바로 패러다임 시프트 paradigm shift구나. 필자는 한동안 그 화가의 파격적인 발상의 충격에서 벗어나기 어려웠다. 살아 움직이는 스포츠맨의 아름다움이 뛰고 있는 주자에게 그대로 나타나 있지 않은가.

2001년 그리드는 '빛의 점등과 소등'이라는 작품을 선보였는데, 그것은 바로 미술관의 등을 껐다 켰다 하는 반복 퍼포먼스였다. 달리는 주자에 버금가는 발상의 전환으로 명작을 만든 것이다.

발상의 전환은 예술에서만 필요한 게 아니다. 나라 경제와 기업 경영에서도 한 사람의 새로운 발상이 엄청나게 많은 것을 변화시킬 수 있다. 특히 2008년 금융 위기와 같은 격변기에는 어떻게 새로운 패러다임을 빨리 수용할 수 있는가가 기업의 흥망성쇠를 결정하는 열쇠가 된다.

실제로 100년 만의 위기라는 글로벌 경제가 점차 위기에서 탈출하는 조짐을 보이고 있다. 비록 V자가 아니래도 바닥에서는 분명 탈출하고 있는 것 같다. 그러나 경제가 회복된다고 모든 게 종전처럼 원상 복귀하는 것은 아니다. '100년 만의 위기' 이후에는 반드시 엄청난 변화가 따르기 마련이다. 특히 글로벌 경제의 패러다임이 크게 바뀔 것이 분명하다. 쉽게 예측할 수 있는 변화는 우선 달러의 기축통화 역할이 점차 위축될 것이라는 점이다. 달러의 위상이 흔들리면, 다른 위안화와 유로화 같은 다른 통화의 환율이 출렁이고 금, 원유, 원자재 가격도 출렁일 것이다.

글로벌 경제가 회복되면 또 하나의 복병인 인플레이션이 기다리고 있을 것이다. 그것을 회피하려면 세계 각국이 선제로 출구전략을 집행해야 하지만, 누가 감히 인기 없는 정책을 섣불리 단행하겠는가. 따라서 인플레에 대비한 새로운 패러다임도 시급하다. 위험관리가 강화되고 정부의 시장개입도 당분간 늘어날 것이다.

수없이 많은 변화 속에서 제대로 살아남자면 이젠 CEO가 액자의 고정된 프레임에서 뛰어나와 달릴 수 있어야 한다. (〈매경이코노미〉, 2009. 9. 23)

금값, 진짜
금값이 된 이유

　며칠 전 런던의 한 세계적인 금융회사가 수십 명의 글로벌 펀드 매니저들을 만찬에 초청했다. 그날의 회의 주제는 앞으로 금융시장의 전망에 관한 것이었지만, 중간에 금값 전망에 대한 설문이 있었다. 그런데 "앞으로 2년 내 금값이 얼마까지 갈 것 같은가?"라는 질문에 대한 의견일치는 무려 온스 당 4,000달러였다고 한다. 미국의 저명한 경제전문 사이트에 소개된 비공개자료이긴 하지만, 1,200달러에 못 미치는 최근 금값에 비하면 앞으로도 엄청나게 더 뛸지 모른다는 얘기다.

　물론 펀드 매니저들의 예측은 황당할 때가 잦아서 어디까지 믿어야 할지 판단하기 어려울 때도 있다. 게다가 일부에서는 현재의 금값도 너무 높다는 지적도 있다. 그럼에도 금값이 천정부지로 뛰고 있는 것은 심상치 않아 보인다. 물론 금값이 폭등하는 것은 미국의 달러 가치 하락과 인플레이션에 대한 우려가 가장 큰 요인이다. 그렇지만 이것만으로는 연일 최고가를 갱신하는 금값을 설명하기에 충분치 못한 것 같다. 과연 경제적으로 합리적인 이유가 더 있는 것일까? 최근 자료들이 제시하고 있는 금값 폭등요인을 살펴보자.

첫째로 세계적인 금 생산의 감소를 지적한다. 2001년 이후 금 생산은 연평균 9.1퍼센트 감소했고, 금값은 거의 4배나 폭등했다. 가격이 상승하면 공급이 늘어나는 게 경제법칙이다. 근데 왜 생산이 줄고 있단 말인가. 대답은 간단하다. 금광 자원이 소진되고 있고 품질도 조악해지고 있기 때문이다. 나아가 새로운 금광을 찾기도 어렵다. 설령 발견한다 해도 실제 금을 생산하려면 평균 7~10년이나 소요된다고 한다.

둘째는 투자용 금 수요가 급격히 증가하고 있다는 사실이다. 기관 투자가는 물론 개인들도 금이나 금광기업, 금 관련 파생 상품 등에 엄청난 자금을 투자하고 있다. 세계금협회에 따르면 올해 상반기에 금 수요가 전년보다 150퍼센트나 폭증했다고 한다. 이와 같은 수요급증과 공급 감소만 결합해도 금값 상승은 너무나 당연한 결과인 것 같다.

문제는 여기에서 그치지 않는다. 셋째 요인은 최근 중앙은행들마저 금 사재기에 나서고 있다는 점이다. 2001년에 체결된 중앙은행 금 협정에서 IMF와 선진국 중앙은행들의 금 매각 한도를 1년에 400톤 미만으로 묶어놓았다. 이 협정에 따라 세계 최대의 금 보유기관인 중앙은행들이 금을 대량으로 시장에 내다 파는 것은 규제받고 있다. 팔기는커녕 거꾸로 더 사려는 국가가 더 많아지고 있는 게 현실이다. 중국은 금 보유를 76퍼센트나 늘렸고, 베네수엘라는 자국 생산량의 70퍼센트를 국내 시판만 하도록 규정했으며, 러시아와 멕시코 등 대부분 국가도 금 보유량을 증가시키고 있다.

특히 25억 명 이상이 사는 아시아에서의 금 수요가 폭발적으로 늘고 있다. 문화적으로 금 선호 강도가 강한 이 지역에서는 인도가 세계 최대의 금 수요국이며, 중국도 이에 못지않다. 중국 정부는 올해부터 개인의 금 소유 규제를 해제했고 금 연계 통장까지 시판하고 있다. 앞으로 2~3년 내 수요가 3배 이상 증가할 것으로 전망되고 있다.

마지막으로 금값 변동의 주기설을 거론하는 분석도 있다. 전통적으로 금 가격은 17년의 변동주기를 갖고 있다. 2001년 이후 상승기로 접어들어 매년 상승하고 있다는 주장이다. 금은 역사적으로 가장 오래전부터 거래된 재화로서 가격 변동에 일정한 주기가 있으며, 매번 상당히 높은 수준에서 거품이 꺼졌다고 한다.

물론 금값이 어떤 주기나 물리적 규칙에 따라 움직인다고 믿는 건 무리겠지만, 경제적 요인만 살펴봐도 강세를 유지할 가능성이 높을 것 같다. 물론 그린스펀의 말처럼 아무도 거품이 언제 터진다고 자신 있게 얘기할 수는 없을 것이다. (〈매경이코노미〉, 2009. 12. 9)

기축통화 딜레마에
빠진 세계 경제

"기축통화국은 세계경제에 책임 있는 정책을 시행해야 한다."

서울 주요 20개국G20 정상회의에서 위안화의 인위적인 저평가를 바로 잡으려는 버락 오바마 미국 대통령의 요구에 후진타오 중국 국가주석의 답변은 너무나 명확했다. 경제원론을 강의한 셈이다. 사실 미국에 등을 돌린 건 중국뿐만이 아니었다. G20에서 미국은 외롭게 거의 1 대 19의 설전을 거듭했고 결국 환율 조정안도 채택하지 못했다.

어쩌다 이렇게 미국이 국제사회에서 '무책임한 정책'의 누명(?)으로 소외당하게 됐는가. 수년간 누적된 재정과 경상수지의 쌍둥이 적자에도 원인이 있겠지만, 직접적인 화근은 최근의 양적 완화 정책 때문이다. 미국 경제의 재침체를 막기 위해 연방준비제도이사회FRB가 내년 6월까지 6,000억 달러를 푼다고 했다. 만기 채권까지 고려하면 거의 9,000억 달러에 이른다. 2008년 위기 이후 1조 7,000억 달러를 쏟아부은 1차 양적 완화에 이어 두 번째 확대정책을 시행하는 셈이다.

2차 양적 완화 정책에 대한 논란은 미국에서도 뜨겁다. 오히려 FRB의 정책에 회의적인 시각을 나타내는 전문가가 더 많다는 조사결과도 있다. 통화를 더 풀면 금리가 하락해 대출이 늘어나고 달러화 가치가 떨어지겠지만 실제로 소비자의 지갑을 열게 하거나 수출을 증가시키기에는 역부족이라는 말이다. 오히려 주식과 원자재 가격만 올려놓고 신흥국에 투기 자금이 유입되어 글로벌 금융시장만 교란시킬 뿐이라는 지적이다. 이런 연유로 미국은 1 대 19의 외로운 싸움을 할 수밖에 없는 상황이다.

그럼에도 양적 완화를 선택할 수밖에 없는 미국의 고뇌도 만만치 않다. 이미 기준금리는 0퍼센트라서 더는 낮출 수 없다. 그렇다고 재정 확대정책을 기대할 수도 없다. 올해만도 적자가 1조 달러에 육박할 뿐만 아니라 이번 선거에서 작은 정부를 지향하는 공화당이 하원을 장악하지 않았는가. 수출을 늘리기도 어렵다. 경쟁력은 차치하고라도 막대한 흑자를 내는 중국이 위안화 절상에 너무 소극적이기 때문이다. 그런데 양적 완화로 달러 공급을 먼저 확대하면, 달러는 떨어지고 다른 통화는 상승하는 결과를 가져온다.

이런 여건에서 경기 침체가 예견된다면 누군들 통화의 양적 완화를 주저하겠는가. 이런 이유로 대표적인 비관론자인 뉴욕대의 누리엘 루비니 교수조차 양적 확대가 필요악이라고 지적한다. 이번 조치가 기대한 만큼의 효과를 거두지 못한다면 머지않아 제3, 제4의 양적 확대 가능성도 배제하기 어려운 상황이다.

유동성 확대는 세계 곳곳에서 가장 많이 활용되는 전형적인 경기부양책이다. 문제는 달러가 미국 국민만의 통화가 아니라 전 세계 어디서나 통용되는 기축통화라는 사실이다. 양적 완화로 달러 가치가 급격히 떨어지면 금과 원자재는 물론이고 엔화처럼 다른 통화의 가치도 뛰어오른다. 행여 자국의 통화 가치를 안정시킨다고 여러 나라가 양적 완화로 대응한다면 글로벌 경제는 환율전쟁으로 재앙을 면치 못한다. 지금 세계 각국이 양적 완화의 딜레마에 직면한 것이다.

미국이 경기부양책을 포기하고 달러 가치의 안정을 추구하는 정책으로 선회할 가능성도 없어 보인다. 설령 양적 완화를 포기하고 재정 긴축과 저축으로 경상수지 적자를 대폭 줄인다면 어떻게 되겠는가. 그것 또한 양적 완화 못지않게 글로벌 경제에 큰 충격을 준다. 미국이 적자를 줄이면 흑자국에 타격을 주고, 그렇다고 적자가 지속해서 확대되면 달러 가치를 불안하게 만든다. 이것이 바로 트리핀이 역설한 기축통화의 딜레마다.

지금 세계가 미국에 요구하는 책임 있는 정책은 무엇인가? 미국 경제의 회복과 달러 가치의 안정이 동시에 달성된다면 금상첨화겠지만, 그것은 당장 불가능하다. 차라리 당분간 상당 수준의 적자를 유지하고, 달러 가치를 급격하게 변동시키지 말라는 주문이 나온다. 전자는 미국이라는 수출 시장에 대한 요구이고 후자는 기축통화인 달러를 발행하는 국가의 책임을 말한다. 이 역시 모순이다. 적자를 유지하면 통화가치가 불안해지고 통화가치를 안정시키려면 수출 시장이 축소되는 딜레마를 안고 있다. 양적 완화는 통화가치보다는 경기부양을 선택한 결과이므로 기축통화 기능은 약화할 수밖에 없다.

글로벌 경제는 상당 기간 안정적인 결제수단을 모색하는 불안한 과정을 되풀이할 것이다. 때로는 금이나 원자재, 엔화 등 대체 통화에 투기가 나타나고 한때 달러가 재상승할 수 있다. 그렇다고 기축통화를 다른 통화로 대체하자는 합의도 쉽지 않아 보인다. 달러의 위상이 점진적으로 낮아지면서 결국은 다양한 결제수단이 등장하고 실제 결제 관행에 따라서 수십 년에 걸쳐 새로운 기축통화가 정립될 것이다. 행여 미국경제가 다시 회복된다 해도 당분간 세계는 기축통화의 딜레마에서 헤어나기 어려울 것 같다. (〈동아일보〉, 2010. 11. 16)

06

모래 폭풍에
휘말리는 세계 경제

튀니지의 재스민 향으로 촉발된 민중혁명이 사하라 지역에 거센 모래 폭풍을 일으키고 있다. 온 천지에 태양sun, 바다sea, 모래sand만 가득하다는 열정의 3S 국가들이 민중의 함성과 독재정권의 총성으로 혼미를 거듭하고 있다. 튀니지와 이집트 정권을 무너뜨린 거센 폭풍이 이번에는 리비아를 휩쓸고 있으니, 1942년 철권통치자 무아마르 카다피의 운명도 머지 않아 나락에 떨어질 것 같다. 민중혁명의 열기가 여기에 그치지 않고 바레인과 예멘은 물론이고 사우디아라비아에까지 미치고 있어 중동의 정세도 불안하게만 보인다.

리비아 사태를 계기로 사하라 사풍砂風의 파장은 세계경제에 먹구름을 드리우고 있다. 당장 국제유가는 2년 만에 배럴당 100달러를 돌파했고 세계 금융시장도 크게 요동치고 있다. 가까스로 위기에서 벗어나고 있던 세계경제는 더블딥의 불안에 휩싸였고, 일부에서는 벌써 1970, 1980년대에 이은 3차 오일쇼크를 경고하고 나섰다. 과연 글로벌 경제는 모래 폭풍에 휘말려 다시 주저앉게 될 것인가.

리비아 사태가 튀니지나 이집트와는 달리 세계경제에 큰 충격을 주는 이유는 분명하다. 리비아는 북아프리카 최대 산유국으로 세계 8위의 매장량을 보일 뿐 아니라 사하라의 모래 폭풍을 중동의 주요 산유국으로 이어주는 징검다리가 될 수 있기 때문이다. 이런 이유로 리비아는 세계 생산량의 2퍼센트에 불과한 1일 160만 배럴을 공급하고 있지만 글로벌 경제에 일파만파의 후폭풍을 불러오고 있다.

물론 최근의 유가급등이 일시적인 과잉반응이라는 지적도 있다. 국제에너지기구IEA도 리비아 사태가 앞으로 국제유가에 미치는 영향은 미미할 것으로 내다보고 있다. 사우디 단독으로도 400만 배럴의 증산 여력이 있을 뿐 아니라 선진국도 리비아 생산량의 11배가 넘는 분량을 비축하고 있기 때문이다.

그러나 모두 수급통계에 바탕을 둔 정태적인 전망에 불과할 뿐 이번 모래 폭풍으로 치솟은 유가는 쉽게 평온을 되찾기 어려울 것 같다. 무엇보다도 중동의 산유국으로 향하는 민주화 열풍이 쉽게 가라앉지 않을 것이기 때문이다. 설령 이 지역의 혼란이 조기에 수습된다 해도 국제유가는 세계경제의 회복에 따른 수요 증가로 상승 기조를 유지할 수밖에 없는 상황이다.

이렇게 보면 세계경제는 곡물가격의 폭등, 원자재 가격의 불안, 경제회복과 금융완화 정책에 따른 수요 증대에 유가 폭등까지 겹쳐 심각한 인플레이션 위협에 직면하고 있다. 설상가상으로 미국은 여전히 양적 완화를 통해 경기회복과 달러 가치 하락을 유도하고 있으니 어떻게 세계경제가 인플레이션의 덫을 피해 갈 수 있겠는가.

특히 최근에는 국가 간 정책 공조마저 무너져 세계경제의 불안을 심화시키고 있다. 중국은 '차이나플레이션'을 억제하기 위해 금리 인상과 긴축의 고삐를 죄고 있지만, 미국은 오히려 자국 경제의 회복을 내세워 금융완화를 고집하고 있다. 두 나라의 환율전쟁도 별다른 진전 없이 답보 상태다. 겉으론 모두 글로벌 경제의 회복을 외치고 있지만, 긴축과 팽창의 상반된 정책이 동시에 시행되고 있다. 브릭스BRICs는 과열을 걱정하고, 미국은 경기회복을 내세우고, 유로권은 재정위기를 앞세워 제각각 1인 3각─人三脚의 정책을 펼치고 있는 셈이다.

이 와중에 우리 경제의 입지는 더욱 좁아지고 있다. 당장 유가가 10퍼센트만 상승해도 성장률은 0.2퍼센트포인트 떨어지고, 경상수지 적자는 20억 달러 증가한다고 한다. 특히 우리 산업은 경제협력개발기구OECD에서 생산단위당 에너지 소비량이 가장 많아 유가 급등에 따른 잠재적 위험이 어떤 국가보다도 훨씬 높다. 또 원유 수입의 82퍼센트를 중동에 의존하고 있어 모래 폭풍에 크게 휘청거릴 수밖에 없는 처지다. 어려움은 유가에만 국한되지 않는다. 기업은 여기에 금리와 환율을 더해 이자와 원화, 유가가 높은 3고三高시대에 대비해야 하고 서민들은 그 많은 가계부채에 전세 파동과 구제역과 물가불안까지 감당해나가야 한다.

정부는 2010년 6퍼센트 성장을 계기로 위기를 극복했다고 자랑하지만, 이제야말로 진정한 정책능력을 보여줄 시점이다. 풍부한 유동성을 바탕으로 고환율과 저금리로 성장률을 높이는 것은 어려운 일이 아니다. 그러나 가중되는 물가불안의 위험 속에 3고를 극복하며 고용을 창출하는 것은 큰 도전이다. 당장 눈앞의 성장에 연연하지 말고, 안정 기반을 다지며, 지나치게 외부 의존적인 경제구조를 개선할 수 있는 패러다임의 전환이 필요하다. 물가를 빌미로 기업을 윽박지르기에 앞서 정부가 먼저 새로운 정책의 큰 틀을 제시해야 한다. (〈동아일보〉, 2011. 2. 25)

07

어느 뺄셈 못하는 아이의 성공

덧셈 뺄셈도 제대로 못하는 어떤 중학생이 있었다. 얼마나 한심했던지, 49에서 19를 빼면 49이고, 17에서 3을 빼도 17이라는 대답만 되풀이했다. 학교에서는 이미 구제불능의 저능아로 낙인찍혔고, 엄마도 그 소년을 포기하지 않을 수 없었다. 어떻게 그런 바보 같은 아이를 가르친단 말인가. 한없이 안타까웠지만, 그저 학교에 다닐 수 있다는 것 하나만으로 만족할 수밖에 없었다.

하지만 그 소년은 오히려 다른 사람들의 계산법이 이상하다고 생각했다.

"49 빼기 19가 어떻게 30이 되는가, 그냥 49인데…… 왜 다른 사람들은 그걸 30이라고 할까?"

내성적인 그는 자신의 의문점을 일기장에 적어놓고 혼자 새기고 있을 뿐이었다. 그러던 어느 날 소년의 아버지가 우연히 그 일기장을 보게 되었다.

"아니 어떻게 이런 녀석이……."

우리네 같으면 기겁하고 야단을 치며 그렇게 내버려둔 엄마에게도 호통을 쳤을 것이다. 그러나 사려 깊은 아버지는 다음 날 소년을 산책길에 불러내어, 조심스럽게 일기장 훔쳐본 걸 사과하며, 독특한(?) 뺄셈법을 물어보았다.

"어떻게 49−19＝49가 되니? 설명 좀 해보렴."

아들은 기쁨에 넘쳐 자신의 계산법을 신나게 말했다.

"모두 한심하다고 웃어요. 49−19=30이라고 해요. 저도 알아요. 그런데 생각해 보세요. 뺀다, 빼버린다, 빼는 것은 결국 그 자체가 없어지는 거잖아요. 따라서 49에서 19를 빼면, 19는 없어지지만 49는 그대로 남지 않습니까. 결국 빼기에서는 그 빼어지는 수가 무엇이든지 그것만 사라질 뿐, 본래의 숫자는 그대로 존재하게 됩니다."

설명을 다 듣고 난 인내심 많은 아버지는 말했다.

"아들아, 넌 정말 똑똑하구나. 그렇게 깊은 원리가 숨어 있었구나. 하지만 세상 사람들이 모두 너처럼 차원 높은 생각을 하는 게 아니야. 그래서 학교에서는 보통사람들이 서로 소통할 수 있는 약속을 가르치는 거란다. 나도 네 생각이 옳은 것 같다. 그러나 세상 사람들과 어울릴 때는 49 빼기 19는 30이라는 약속을 지켜야 해. 혼자서는 49−19＝49라는 것을 더 연구해도 좋아."

소년은 그 설명을 듣고 비로소 세상의 보편적 지식에 눈을 뜨고, 49 빼기 19가 30이라는 사실을 인정하게 되었다고 한다(이성호, 《지금 당신의 자녀가 흔들리고 있다》에서 인용).

경제 칼럼에 웬 뺄셈의 서론이 이렇게 긴가. 놀랍게도 그 소년이 바로 훗날 고전학파 경제학의 대가가 된 존 스튜어트 밀, 그리고 아버지는 논리학자 제임스 밀이었다. 우리 주변에 이런 아이가 있었다면, 성공은커녕 주변의 멸시와 천대로 따돌림당했을 것이다. 과연 자신을 신뢰하고 이해하며 긍정적 사고를 갖게 하면 누구나 천재로 성공할 수 있는 것일까?

밀의 일화는 아버지의 사려 깊은 교육과 신뢰, 자신의 천재성이 만들어 낸 성공 드라마로 널리 인용된다. 실제로 신뢰와 자신감, 긍정적인 사고가 가장 중요한 성공 요인이라는 사실은 교육학계에 널리 알려졌다. 동물은 물론 학교 교육의 실험에서도 모두 증명된 사실이다. 이것은 피그말리온 효과로도 얘기되고 영화 〈프리티 우먼〉에서도 주제가 된 내용이다.

그런데 신뢰의 효과는 교육에만 나타나는 게 아니다. 경제에서도 신뢰와 긍정적인 사고가 결정적인 역할을 한다. 시장의 신뢰를 잃어버린 정책이 어떻게 성과를 낼 수 있겠는가. 신뢰 여부에 따라 경제가 호황으로 반전할 수도 있고, 아니면 '당신의 자녀처럼 흔들릴 수도 있다.' 국민이 정책을 신뢰하고, 긍정적인 시각으로 의사결정을 해야만 경제가 살아난다. 특히 경제가 위기에 처할수록 신뢰가 더욱 중요하다. (〈매경이코노미〉, 2008. 10. 1)

08

휘청거리는 제국,
GE가 주는 교훈

'GE' 하면 무엇이 먼저 떠오르는가? 아이들은 에디슨의 전구를 먼저 생각할 것이고, 어른들은 튼튼하게 잘 만든 가전제품을 먼저 기억할 것이다. 좀 더 경제에 관심이 있는 독자라면 '대단한 세계적 기업'으로, 경영학 에세이라도 한 권 읽었다면 잭 웰치 전 회장의 신화나 현 CEO 임멜트를 알고 있을 것이다. 어떤 형태로든 지구 위에 GE를 모르는 사람은 거의 없을 것 같다.

GE는 실제로 이보다 훨씬 더 높은 평가를 받아 왔다. 다우존스지수에 100년 이상 편입된 유일한 기업, 세계에서 가장 존경받고 다각화에 성공한 최고의 기업으로 여겨져 왔다. 제트 엔진에서 발전기까지, 금융 서비스에서 정수시설과 미디어 콘텐츠에 이르기까지 GE는 "상상할 수 있는 모든 부문에서 글로벌 경쟁력을 갖춘 거대기업군"으로 모든 대기업과 지주회사들의 우상이 되어 왔다. 광고 문구 "GE is imagination at work!" 그대로였다.

그런 GE가 이번 금융위기로 휘청거리고 있다고 한다. 2008년 10월 2일 워런 버핏으로부터 30억 달러를 긴급 수혈받으면서 GE는 130년 역사상 최초로 매일매일 시장과 숨 막히는 사투를 벌이고 있다. 자금 확보를 위해 120억 달러의 주식을 매각했고, 주가는 1년 전의 반 토막 아래로 급전직하急轉直下해, 시장가치가 2,000억 달러나 줄어들었다. 버핏에게 매달리기 직전까지도 전혀 문제가 없다고 큰소리치던 임멜트 회장의 자신감은 어디에서도 찾아볼 수 없다.

어쩌다 GE가 미국 경제의 운명처럼 어디로 튈지 모르는 위기에 처한 것일까. 비록 2008년 3분기 이윤은 감소했지만, 2008년 기준 2007년보다 10퍼센트 정도 적은 200억 달러 흑자가 예상되는 GE 제국에 갑자기 무슨 일이 터진 것일까? 가장 큰 이유는 역시 GE의 금융부문이다. GE의 축복과 저주는 마치 미국 경제의 단면과도 같다.

GE는 제조업으로 널리 알려졌지만, 실제로는 제조업보다 서비스가 주력을 이루고 있기 때문이다. 행여 GE를 거대한 제조 기업이라고 착각하고 있다면, 포천Fortune 500의 분류를 보라. GE는 미국 최대의 종합금융 회사diversified financials이고, 그다음이 바로 패니 매Fannie Mae와 프레디 맥Freddie Mac이다. 이쯤 되면 이제 GE의 위기를 쉽게 짐작하리라. 2, 3위 업체가 모두 구제금융을 받지 않았는가.

GE가 100퍼센트의 지분을 가진 GE 캐피탈Capital은 월마트를 비롯한 각종 신용카드에서 주택저당에 이르기까지 거의 모든 종류의 금융 서비스를 제공하며 GE 전체 이익의 절반 가까이를 만들어왔다. 1,800대의 비행기를 225개 항공사에 임대하는 서비스도 캐피탈의 몫이었다. 캐피탈은 금융 서비스로 GE를 도왔다. GE 역시 캐피탈의 이익 창출과 건실한 재무구조를 뒷받침해주며 황금 궁합을 이루어 왔다. 이 결과 캐피탈은 현저하게 낮은 금리로 자금을 조달해 씨티나 모건 스탠리보다도 엄청난 비교우위를 갖고 있었던 것이다.

그러나 좋은 시절은 영원하지 않은 것일까? 주택 모기지 사업에서 시행착오를 겪고 경영여건이 악화하면서 GE의 순익이 줄어들었다. 설상가상으로 금융위기가 오자 시장에서는 GE의 기업 어음 결제능력을 의심하기 시작한 것이다. 그런데 더군다나 GE는 캐피탈만 해도 740억 달러나 되는 미국 최대(아마도 세계 최대)의 어음 발행기업이었다. 그 엄청난 어음이 제대로 안 돌아가니 어떻게 감당해내겠는가. 이젠 미국 정부까지 나서서 GE의 어음에 수혈해 주는 상황을 맞고 있다.

물론 GE는 이 위기를 어렵게라도 극복하겠지만, GE가 주는 교훈은 무엇일까? 몇 가지로 요약하기엔 너무나 벅차다. 딱 한 가지만 지적한다면, 역시 '비가 오면 쏟아진다It rains but pours'는 격언이 아닐까. 경영자는 항상 최악의 시나리오를 준비해야 한다. (《매경이코노미》, 2008. 11. 5)

09

페니 클럽의
교훈

'페니 주식'은 값이 정말 싸고 거래도 잘 안 되며 일반에게 거의 알려지지 않은 중소 벤처기업의 주식을 일컫는 말이다. 우리말로 의역하자면 100원짜리 '동전 주식'이라고나 할까. 페니는 1달러보다 적은 화폐 단위이기 때문에 '페니 클럽'에 들어가면 흔히 주식값이 1달러 미만인 기업으로 생각할 수 있다. 그러나 실제로는 주가가 5달러 미만인 기업들을 말한다.

작은 기업들이 페니 클럽에 들락거리는 것은 흔한 일이지만, 지금은 그게 아니다. GM, 포드 등 자동차 회사를 비롯한 모토로라, 스피린트 등 S&P 500에 편입된 기업 중 5퍼센트가 넘는 27개(20일 종가기준) 기업이 수치스럽게도 페니 클럽의 멤버가 되었다.

페니 클럽에 가입한 대기업은 대체로 두 갈래 길을 걷게 된다. 머지않아 문을 닫거나, 아니면 새 주인을 만나거나 구제금융을 받아 회생의 길을 찾는 것이다. 2008년 12월 이런 딜레마를 안고 전 세계의 이목을 끌고 있는 기업이 바로 GMGeneral Motors이다. 그동안 GM은 미국 자동차의 상징으로 여겨져 왔으며 26만 명이 넘는 근로자를 고용하고 있고, 2007년에는 무려 1,800억 달러가 넘는 매출을 올렸다. 그러나 2008년에는 30달러까지 올랐던 주식값이 지금은 주가가 1~3달러를 오가며, 시장가치도 불과 20억 달러를 넘지 못하고 있다.

GM은 공식적으로 미국 정부의 지원 없이는 현금 고갈로 올 연말을 넘기지 못한다고 발표한 바 있다. 선거 때 자동차 노조의 신세를 진 오바마 당선자는 자동차 산업에 대한 지원을 약속했지만, 부시와 의회는 선뜻 지원에 나서지 않고 있다. 이유는 간단하다. 현재의 구조를 완전히 개혁하지 않는 한, 살리기가 어렵다고 판단한 것이다. 자동차 산업의 구제금융은 어떤 형태로든 재론되겠지만, 생산 기지가 몰려 있는 디트로이트가 밝아질 가능성은 요원한 것 같다.

어쩌다 GM 같은 거대기업이 이 지경에 이르렀을까? 전문가들은 대체로 다음과 같은 분석을 제시한다. 우선, 미국 자동차 산업의 생산구조가 너무 취약하다는 것이다. 미국은 최근까지도 대형 레저용 차량SUV(Sports Utility Vehicle)에 크게 의존해왔다. 그러나 급격한 유가 상승과 금융위기 이후 시장은 급속히 위축되고, 대형 SUV 시장은 더 극심한 한파를 맞게 되었다.

반면 소형차는 일본과 한국을 따라오지 못했다는 것이다. 단적인 사례로, 미국의 소비자 보고서Consumer Reports에서 추천한 9개의 소형차 중 미국산은 포드 포커스 하나뿐이었다. 소형차는 미래의 소비자를 확보하는데도 매우 중요하다. 생애 처음으로 차를 구매하는 젊은 세대가 소형차를 먼저 사기 때문이다. 뒤늦게 생산전략을 바꾸고는 있다. 하지만 디트로이트는 심각한 자금 부족으로 더는 기다릴 수 없는 처지에 놓여 있다.

그뿐만이 아니라, 디트로이트는 연료 융합형 하이브리드 차 개발에서도 선도적 구실을 하지 못했다. 물론 연료 융합형 차는 아직 수익성이 매우 낮고 수요도 많지 않은 게 사실이다. 그러나 이윤의 문제가 아니라 최첨단 자동차의 더딘 개발 때문에 GM은 자동차 시장의 선두주자로서의 이미지를 완전히 상실해버린 것이다.

노조와 경영진의 문제도 빠뜨리지 않는다. 임금과 각종 후생복지가 남부에 기반을 둔 아시아 자동차 기업들보다도 훨씬 많고, 의료와 퇴직 급여 등의 부담 또한 너무 크다. 최근 들어서야 신입사원에게 낮은 임금을 허용하는 등 노조가 많은 양보를 했지만 이미 너무 늦어버렸다. 물론 CEO의 방만한 경영과 높은 급여도 비난의 대상이다.

누가 대마불사大馬不死라고 했는가. 디트로이트는 지금 회생하기 어려운 길을 가고 있다. 기업 역시 살아 있는 생명체다. 어떤 기업이든 시장 환경에 적응하지 못하면 언제라도 페니 클럽으로 전락할 수 있다. (〈매경이코노미〉, 2008. 12. 10)

적자를 흑자로 바꾸는
'블랙 프라이데이'

2008년은 유난히 '검은 금요일Black Friday'에 대한 언론의 관심이 많았던 것 같다. 우리에겐 매우 생소한 검은 금요일이란 무엇일까? 원래 동서양을 막론하고 검은black이라는 형용사는 좋은 일에는 잘 쓰지 않는다. 그 수식어가 붙은 날은 별로 유쾌하지 않은 의미가 있는 경우가 많다. 주가가 폭락한 날을 '블랙 먼데이black Monday'나 '블랙 프라이데이black Friday'라 부르고, 화재나 큰 재앙이 터진 날도 블랙이라는 형용사를 자주 붙인다.

그래서 1869년 9월 미국에서 금융위기가 터졌던 금요일, 1939년 1월 호주에서 대화재가 발생했던 금요일, 1978년 9월 이란에서 대학살이 벌어졌던 날도 모두 블랙 프라이데이로 지칭되고 있다. 최근의 금융위기를 비유하는 검은 백조Black Swan라는 은유도 좋은 사건에는 붙이지 않는다.

그런데 11월 말의 블랙 프라이데이는 관습적으로 사용하던 '블랙'의 의미와는 약간 다르게 사용되고 있다. 이번 블랙 프라이데이는 공식적으로 추수감사절 직후의 첫 번째 금요일을 말한다. 추수감사절이 11월 4번째 목요일이니까, 대체로 11월 23~29일의 금요일을 말하는데, 2008년에는 11월 28일이었다. 왜, 이날에 하필 '블랙'이라는 말을 붙였을까?

본래 11월 마지막 주의 블랙 프라이데이는 추수감사절 쇼핑으로 교통이 마비되는 날이라는 의미로 미국 필라델피아 경찰이 처음 사용한 것으로 알려졌다. 교통지옥을 한 번 겪어 본 사람이라면 그런 의미에선 '블랙'이 타당하다고 할 것이다. 그런데 최근에는 블랙 프라이데이의 금요일이 성탄절과 연말로 이어지는 연중 최대 세일이 공식적으로 시작되는 날로 지칭되고 있다. 그러나 블랙 프라이데이의 의미는 여기서 그치지 않는다. 유통업계에서는 이날이 바로 연초부터 누적된 적자가 흑자로 전환되는 날이라서 '블랙' 프라이데이라고 부르는 것이다.

대체로 1월부터 11월까지 적자 상태로 남아 있다가 검은 금요일이 돼서야 흑자가 나기 시작한다니 어찌 보면 유통업계의 현실도 참담하기만 하다. 그러나 실제로 미국은 11월 말부터 연말까지 약 6주간이 연중 매출의 60~75퍼센트를 차지한다고 하니, 흑자를 만들어주는 검은 금요일이 될 만도 하다. 특히 2008년에는 금융위기의 한파가 전 세계를 휩쓸고 있어서 과연 이날이 회계장부의 순익 칸이 빨간 색(적자)에서 검은 색(흑자)으로 바뀔 수 있느냐에 초미의 관심이 쏠렸다.

실제 2008년 블랙 프라이데이는 상당한 매출실적을 달성할 것으로 보도되고 있다. 워낙 파격적인 세일이 많아서 "한 개를 사면 두 개를 준다"는 과거의 파격적인 수준을 뛰어넘어 90퍼센트 이상의 세일도 많았다고 한다. 오죽하면 뉴욕 주의 한 월마트에서는 목요일부터 수백 명이 장사진을

치고 '블랙 프라이데이' 세일을 기다리다가 금요일 새벽 5시 개장 직전 한 꺼번에 밀려들어 오는 인파 때문에 죽은 사람까지 있었다고 하니, 블랙이라는 단어를 붙일 만한 날이다.

이렇게 날짜마다 수식어를 붙여 매출을 올리려는 마케팅 전략은 소비자의 상상을 초월한다. 추수감사절의 검은 금요일에 이어지는 월요일을 미국에서는 '사이버 월요일Cyber Monday'이라고 부른다. 누가 만들었겠는가? 온라인 유통업계의 작품이다. 블랙 프라이데이가 지나간 이날부터는 집에서 편안하게 온라인으로 연말 세일을 즐기라는 것이다. 우리나라에서도 날짜의 모양을 본떠 11월 11일은 '빼빼로 데이', 11월 8일은 '브래지어의 날'로 정하고 좋아하는 사람을 위해 삐쩍 마른 과자나 브래지어를 사라고 광고한다니, 11월의 달력은 온갖 쇼핑 이벤트로 가득 찬 셈이다.

그렇게라도 이번 위기를 벗어날 수 있으면 얼마나 좋겠는가. 내년에는 제발 늦가을 대신 초여름에 '블랙 프라이데이'를 맞이해서 조금이라도 일찍 흑자를 내보자. (〈매경이코노미〉, 2008. 12. 17)

미국 경제,
더블딥으로 가나

경기를 정확히 예측하는 것은 결코 쉬운 일이 아니다. 너무나 많은 변수가 복합적으로 경제에 영향을 미치기 때문이다. 이런 제약에도 지난 수십 년간 경기예측의 정확도가 높았던 지표가 하나 있다. 그것이 바로 미국의 ECRI(Economic Cycle Research Institute)가 발표하는 주간선행지수 WLIWeekly Leading Indicator다. 그런데 최근 WLI 지수가 몇 주째 연속 경기하강을 예고하고 있어, 미국 경제의 앞날에 어두운 그림자를 드리우고 있다. 과연 WLI는 어떻게 만들어지며 얼마나 정확한 것일까?

ECRI는 경기선행지표를 처음 개발한 제프리 무어Geoffrey H. Moore 교수가 1950년에 설립한 민간연구소로서 초기에는 경기의 정점과 저점을 나타내는 지수를 발표하다가, 1958년에 경기종합지수, 그리고 1967년부터는 경기선행지수LEI(Leading Economic Indicator)로 개편했다. ECRI는 독립적인 연구소로서 100개가 넘는 경제지표를 지적자산으로 보유하고 있는

데, 그 중의 하나가 바로 WLI다. WLI는 각종 경제지표를 전년 동기와 비교해 그 변화율을 파악한다. 전년보다 상승한다면 0보다 큰 값을 나타내고 반대로 하락한다면 마이너스 값을 갖게 된다.

이 지표는 유사한 예측지표인 컨퍼런스 보드나 다른 기관의 자료보다 훨씬 정확한 것으로 널리 알려졌다. 최근 WLI가 특별히 주목받고 있는 이유도 지난 45년 이상 ECRI의 지수가 경기의 변곡점을 예측하는 데 매우 정확했기 때문이다. 특히 이 지수가 전년 동기보다 10퍼센트 이상 하락세를 나타낼 때는 미국 경제가 2~3개월 후에 마이너스로 전환되었다.

물론 WLI가 마이너스를 보일 때도 미국 경제가 플러스 성장을 실현한 때도 몇 번 있었지만, 10퍼센트대의 지속적인 감소 후에는 여지없이 경기는 하락세로 전환했었다. 그런데 2010년 이 지수의 값이 마이너스 10.7을 나타내고 있으니, 과거의 정확성을 그대로 답습한다면 경기는 분명히 하강할 수밖에 없다.

최근의 2008년 금융위기 직전에도 WLI는 경기침체를 예고했고 2009년 9월에는 지수가 24를 기록해 경기의 급반등을 예고했다. 이것 역시 주식시장 등에 그대로 반영되었다. 이와 같은 정확성 때문에 일부 투자자들은 WLI를 미국경제의 침체를 알리는 예언자라고 부르기도 한다. 이 지수가 최근 연속 3주 이상 10퍼센트대의 하락률을 보이고 있으니, 미국 경제에 대한 우려가 깊어질 수밖에 없지 않은가. 그렇다면 이번에도 과연 WLI가 경기침체를 정확하게 예고하고 있는 것일까?

물론 경제의 미래는 운명처럼 미리 확정된 것은 아니다. 아무리 WLI가 정확하다 해도 항상 그대로 실현된다는 보장은 없다. 아직 예측하지 못했던 돌발적인 사건이 언제라도 발생할 수 있고, 정책대응에 따라 경제성과가 언제라도 달라질 수 있기 때문이다.

그렇다고 누가 WLI의 경고를 무시할 수 있겠는가. 지금은 분명히 경기가 다시 침체할 우려가 커지고 있다는 사실을 경계해야 한다. 비록 미국 경제가 다시 극심한 침체로 곤두박질할 가능성이 적다고 할지라도, 지속적인 반등을 유지하기에는 아직은 힘에 부치는 형국이다. GDP의 70퍼센트에 달하는 민간 소비가 부진하고 고용이 살아나지 않고 있기 때문이다. 침체의 장기화에 따른 재정부담의 가중, 글로벌 불균형 등도 여전히 발목을 잡고 있다. 지금은 침체의 예언을 경계하면서 제발 WLI의 정확성 전통이 이번에는 무너지길 바랄 뿐이다. (〈매경이코노미〉, 2010. 8. 25)

12

성공한
역사의 주인공

"한국도 필리핀만큼 잘살 수 있다면 얼마나 좋겠는가……." 1966년 박 정희 당시 대통령이 필리핀을 방문해 마르코스 대통령에게 건넨 첫 인사 말이었다. 지금 들으면 얼마나 어이없고 황당한 말인가. 하지만 이것은 엄 연한 역사의 진실이었다.

필리핀은 그 해 국민소득이 230달러로 한국(120달러)보다 두 배나 잘사 는 나라였다. 박 대통령은 마닐라의 베트남 참전국 정상회담에 참석했는 데 한국은 베트남 파병을 경제발전의 중요한 촉매로 활용하던 시절이었 다. 한국은 1964년에 사상 최초로 국민소득 100달러를 넘겼지만, 여전히 기아와 호구지책을 걱정해야 하는 대표적인 최빈국이었다.

그런데 건국 60주년을 맞으며 한국은 어떻게 변했는가. 국민소득이 2만 달러로 200배, 수출입 규모는 3,200배나 증가한 7,300억 달러에 이르러 선진국으로 도약하고 있다. 어떤 국제적 기준으로 평가해도 한국의 발전은 사상 유례를 찾아볼 수 없는 비약적인 성과였고, 글자 그대로 한강의 기적을 실현했다.

그것도 전쟁의 상흔을 복구하고 산업화와 민주화의 갈등을 극복하며 외환위기 이후의 혹독한 구조조정을 거치며 이룩한 성과가 아니겠는가. 우리의 구조적 한계가 어디 그뿐이었나. 북한과 대치하며 이념 갈등과 사회적 혼란이 끊이지 않았고 글로벌 시대의 치열한 경제 전쟁 속에서 거둔 결실이었다.

한국의 발전을 다른 나라와 상대적으로 비교하면 더욱 화려해진다. 시간이 흐른다고 경제가 저절로 발전하지는 않기 때문이다. 2008년 오늘 현재에도 전 세계 인류의 16퍼센트 내외는 하루 소득이 1달러 미만으로 1960년대의 우리 수준을 벗어나지 못한다. 인류의 3분의 1은 하루 2달러 미만으로 연명한다. 40년 전에 박 대통령이 부러워했던 필리핀 역시 소득이 1,800달러에 미치지 못한다.

세계지도를 펴 보자. 경제협력개발기구OECD에 속한 몇 개 나라를 제외하면 우리보다 더 풍요로운 나라가 얼마나 많이 있는가. 경제뿐만 아니라 민주화까지 이룩한 나라를 찾으면 더욱 적어진다. 1960년대 이후 최빈국에서 분단의 시련을 극복하고 산업화와 민주화를 동시에 성공한 나라를 찾는다면 단연코 한국이 유일하지 않은가.

한국인이여, 이제 올림픽 금메달에만 열광하지 말고 건국 60년의 역사에도 떳떳한 자부심을 느끼자. 세계무대에서 우리가 당당히 어깨를 펴고 활보해야 할 이유가 너무나 많지 않은가. 최근 〈동아일보〉 조사에서는 국민의 64.9퍼센트만이 "한국의 역사가 자랑스럽다"고 평가했다.

긍정적 평가가 5개월 전보다 10퍼센트포인트나 높아졌고, 젊은 세대는 72.9퍼센트가 자랑스럽게 여긴다니 그나마 다행이다. 그러나 스스로 자기를 헐뜯고 과거의 역사를 부정적으로 평가한다면 어떻게 미래를 향한 신뢰가 형성될 수 있겠는가.

물론 한국이 앞으로 60년, 또 하나의 성공신화를 만들기 위해 해결해야 할 과제가 많다. 경제발전과 선진화의 그늘에서 생성된 양극화의 부작용, 아직도 지속하는 보수와 진보의 대립도 없애야 한다. 사회적 통합과 선진국다운 신뢰 기반 구축은 물론 소외계층에 대한 사회적 배려와 함께 시장 친화적인 정책의 조화가 절실히 필요하다.

성공신화를 만들기 위해 당장 우리에게 필요한 것은 대한민국 60년을 헐뜯는 자학이 아니다. 오히려 자부심을 느끼고 온 국민이 선진화에 앞장서야 한다. 역사는 결국 노력의 산물이다. 누구라도 필리핀처럼 전락할 수 있고, 우리보다 앞서 성공할 수 있다. 과거 60년의 역사만으로 우리의 미래를 담보할 수야 없지 않은가. (〈동아일보〉, 2008. 8. 18)

13

유로 위기의
교훈

그리스 재정 위기로 시작된 금융 시장의 충격이 쉽게 가라앉지 않고 있다. EU와 IMF가 그리스에 1,100억 유로(1,470억 달러 상당)를 지원하고, 유사한 사태의 확산에 대비해 엄청난 규모의 비상기금을 마련했음에도 불구하고 시장은 쉽게 안정되지 않고 있다. 오히려 파장은 스페인으로 확산할 기미를 보이고 있으며, 일부에서는 비관적으로 유로화 체제가 붕괴하리라 전망한다.

실제 그리스 재정위기가 거론되기 시작한 것은 2009년 10월경으로 거슬러 올라간다. 그러나 당시에는 그리스는 경제규모가 EU의 3퍼센트에 불과한 작은 나라라서 큰 충격이 없을 것이라는 분석이 대부분이었다. 그럼에도 아직도 그리스 사태가 일파만파로 세계경제에 충격을 미치고 있는 원인은 무엇이며, 우리에게 주는 시사점은 무엇일까?

이번 사태의 첫째 교훈은 경제상황이 다른 국가 간의 통화 통합은 위기관리에 많은 제약이 있다는 점이다. 단일 통화권에서는 환율변동의 위험이 없어 교역증대와 지역 내 자원 배분의 효율성을 크게 확대할 수 있다. 환전하지 않고 단일통화로 편리하게 거래할 수 있기 때문에, 선진국은 물론 후진국에도 교역 확대의 기회를 넓혀준다. 이런 이유로 동유럽이나 소련 연방체제CIS에서 독립한 국가들이 EU 가입을 서둘러 왔다.

그러나 이번 사태에서 나타난 것처럼 일단 특정국가에서 위기가 발생하면 국가 간의 이해관계의 충돌로 신속한 대처가 어렵게 된다. 또한, 단일통화를 쓰고 있기 때문에 개별 국가에 한정된 통화정책을 사용할 수 없게 된다. 예를 들어, 사태의 진원지인 그리스만을 위해 환율이나 이자율을 변동시킬 수 없는 제약이 따른다.

이렇게 되면 재정 지출을 확대해 경제를 회생시켜야 하는데, 그리스와 같이 국가 부채와 재정 적자를 축소해야 하는 상황에서는 이것 역시 선택하기 어려운 정책이다. 이런 이유로 특정국가의 위기 탈출이 힘들게 되는 것이다. 평화로울 때는 서로에게 이익을 주던 단일통화가 특정국가의 위기 타개에는 오히려 저해 요인이 될 수 있다.

둘째는 위기를 촉발하는 원인은 부채나 부채비율의 절대 수준이 아니라 외화자금의 가용 능력이라는 것이다. 일본이나 미국은 그리스보다 훨씬 부채비율도 높고, 규모도 천문학적이다. 그럼에도 부채문제가 거기서부터 터지지 않는 이유는 국제적인 통화를 보유하고 있기 때문이다. 국외에서 차입하지 않아도 대내적으로 소화할 수 있고, 마지막에는 발권력으로 대응할 수도 있다. 국제 통화인 달러나 엔화를 사용하고 있는 특권이라고 할까? 이런 특권을 갖지 못한 국가가 많은 부채를 갖고 있으면, 그것이 곧 국제적인 투자은행의 표적이 되는 것이다.

셋째, 다양한 파생상품의 발달로 금융위기를 수익창출의 기회로 활용하는 전문 금융사들이 부쩍 늘었다. 위기가 닥치면 손해를 보는 것이 당연하다고 여겨지지만, 일부 투기자금은 특정 국가의 시장을 교란시키고, 그 결과로 나타나는 변동성을 활용해 상당한 이득을 취하게 된다. 국가의 신용 등급을 하향 조정하고, 차입 금리를 높이며, CDS(Credit Default Swap) 등의 파생상품을 활용해 막대한 수익을 노리는 투기세력이 존재하는 것이다. 투기자본의 공격 대상은 비교적 시장 규모가 작고, 외자 의존도가 높으며, 과다한 부채를 보유한 국가가 된다.

또 하나 영원한 진리는 부채가 모든 위기의 근원이 된다는 사실이다. 1930년대도, 한국의 외환위기 때도, 그리고 이번에도 이것은 역시 그대로 적중했다. 이번 사태가 주는 교훈을 되새겨 보면 미래의 위기도 예측할 수 있게 된다. (〈매경이코노미〉, 2010. 6. 16)

14

미국 경제
뉴 노멀

2008년 8월 20일 미국 포천지는 침체가 지속하는 미국 경제에서 나타나는 뉴 노멀new normal을 소개했다. '뉴 노멀'이란 특정지역에서 유행처럼 번지는 새로운 문화로, 급격한 경제·사회적 변화에 따라 새롭게 형성되는 경우가 많다. 특히 경제적 부침이 심할 때는 많은 국민이 새로운 경제 환경에 적응하기 위해 생활습관을 바꾸면서 뉴 노멀이 형성된다.

금융위기에서 벗어나기 위해 몸부림치고 있는 미국 경제에서도 최근 새로운 생활방식 패턴이 등장하고 있다는 것이다. 적어도 이 중 일부는 한국 경제는 물론 여타 국가에도 시사해주는 함의含意가 많아 소개해보기로 한다.

첫째는 실업의 장기화가 미국 경제의 새로운 특징, 뉴 노멀로 자리 잡고 있다. 10퍼센트에 가까운 실업률이 지속하는 상황에서 민간부문의 고용은 여전히 미진하고, 고용은 쉽게 늘지 않으리라고 본다. 오바마 대통령은 고

실업이 경기순환 과정에서 나타나는 일시적 현상이라고 주장하지만, 대부분은 고실업의 장기화를 뉴 노멀로 받아들여야 한다고 말한다.

일부에서는 실업률이 2011년에는 8.7퍼센트로 떨어지고 2013년에는 6.8퍼센트로 안정화된다고 예측한다. 하지만 이 목표를 달성하려면 앞으로 3년 동안 매달 30만 개의 일자리가 만들어져야 한다. 그런데 경제가 회복돼 3퍼센트로 성장한다 해도 고용은 매달 10만 명밖에 늘지 않는다. 그렇다면 언제쯤 실업률이 금융위기 이전인 2007년 1월의 4.6퍼센트 수준으로 낮아질 수 있을까? 지금은 누구도 예측할 수 없으니, 고실업이 뉴 노멀이라는 사실을 받아들이지 않을 수 없다.

둘째는 집을 사지 않고 빌리는 것도 새로운 패턴으로 정착되고 있다. 집값 상승을 기대하고 집을 샀던 시절이 다시 도래하지 않을 것이라는 전망이다. 실제로 미국의 집값은 2006년에서 2009년에는 사이 평균 32퍼센트나 하락했다. 저택이 있는 옆집을 따라가기 위해 은행에서 대출을 받고 힘들게 집을 사던 패턴은 이제 찾아보기 어려운 올드 노멀old normal이 됐다. 대신 지난 5년 사이 집을 임차하는 가구가 10퍼센트 이상 증가했다. '집은 사는 게 아니라 빌리는 것'이라는 뉴 노멀이 언제까지 지속할 것인가?

셋째는 지출은 줄이고 저축을 늘리는 가구가 많이 증가하고 있다. 물론 부채를 갚고 저축을 늘리는 것은 장기적으로 경제에 바람직하다. 실제로 미국인들의 과다한 부채와 가계지출이 금융위기의 주요 원인이지 않았는가. 최근 미국 가계의 저축률은 2007년 금융위기 이전의 3배나 되는 6.4퍼센트로 증가했다. 반면 신용카드 잔액은 6월에도 6.4퍼센트나 하락해 연 21개월째 감소세를 나타내고 있다.

넷째, 부자들에 대한 증세增稅도 미국의 뉴 노멀로 등장했다. 오바마 정부는 부시 행정부 이래 시행돼온 고소득자에 대한 감세 혜택을 폐지하고 세금 인상을 준비하고 있다. 즉, 현재 개인의 과세 소득이 19만 5,550달러이거나 부부 합산 23만 7,300달러 이상인 고소득자들에 대한 세율을 현행 33퍼센트와 35퍼센트에서 내년부터는 각각 36퍼센트와 36.9퍼센트로 인상할 계획이다(하긴 이렇게 인상한다 해도 한국보다는 훨씬 낮은 세금이다. 한국은 8,800만 원부터 35퍼센트의 소득세와 세금의 10퍼센트 주민세를 부과하는데 미국은 약 2억 3,000만 원부터 최고세율을 부과하기 때문이다).

이 밖에 휴가 기간을 줄이거나 집에서 휴가를 보내는 패턴도 많이 늘어나고 있다. 모두 침체에 빠진 경제에서 헤어나오기 위한 라이프스타일 변화인 셈이다. 미국 경제의 뉴 노멀은 미국 경제구조를 변화시키고, 글로벌 경제의 뉴 노멀을 형성하는 데도 큰 영향을 미칠 것이다. (〈매경이코노미〉, 2010. 9. 15)

5장

바로 보는 한국 경제의 오늘

01

한국 경제의 '불편한 진실' 3가지

2010년 7월 우리 경제는 높은 성장률과 대기업의 유례없는 호황으로 글로벌 위기에서 완연히 벗어나고 있는 것 같다. 실제로 국내총생산GDP이 7퍼센트 이상 성장하고, 한 기업의 분기 영업이익이 5조 원을 넘었다니, 어디에서 위기의 상흔을 찾아볼 수 있겠는가. 우리 대표기업들은 글로벌 제조업체의 부진을 기회 삼아 고환율정책을 등에 업고 세계시장을 질주하고 있다. 정부도 경제안정에 대한 확신이 섰는지 17개월 만에 금리를 인상해 본격적인 출구전략의 순서를 밟고 있다. 이대로만 지속한다면 747의 7퍼센트 성장 공약도 가능할 것이라는 기대까지 나오고 있는 모양이다.

우리 경제의 선전은 세계경제가 여전히 불안하고, 선진국에서는 더블딥마저 우려되는 상황에서 이룩한 대단한 성과가 아닐 수 없다. 그러나 조금 더 깊이 관찰해보면 빠른 성장의 이면에 간과할 수 없는 구조적 위험이 빠르게 확산하고 있음을 알 수 있다. 비록 당장은 화려한 지표에 가려 있지만, 곧 치유하지 않으면 큰 재앙을 불러올 수 있는 잠재적 위험이다. 앨 고어가 온난화의 심각성을 지적하며 사용한 표현처럼 머지않아 우리 경제의 구조 자체를 뒤흔들 수 있는 몇 가지 '불편한 진실'이 독버섯처럼 자라나고 있다.

첫째는 경제의 조로화早老化 현상이다. 선진국 문턱도 제대로 밟아보지 못한 나라에서 벌써 선진국병이 유행하고 있다. 65세의 인구비율을 나타내는 고령화 속도는 가장 빠르고, 출산율은 반대로 최저를 나타내는 등 우리가 세계 기록을 경신하고 있다. 그뿐인가. 자살률과 이혼율 역시 제일 높다고 한다. 고학력 실업도 선진국보다 높은데, 경제는 오히려 고용 없는 성장으로 치닫고 있다.

조로화 현상은 여기에서 그치지 않는다. 복지후생 지출 역시 우리처럼 빠르게 증가하는 나라를 찾기 어렵다. 무상급식과 무임승차에다, 머지않아 무상의료도 선거공약으로 등장할 판이다. 정치권의 포퓰리즘에 익숙해 국민의 기대치도 높아져만 간다. 겨우 2만 달러의 국민소득을 턱걸이하는 나라에서 북유럽의 복지를 바라고 있기 때문이다. 물론 개인 차원에서는 너무나 행복한 나라다. 실제로 이 모든 꿈이 실현된다면 얼마나 좋겠는가.

그러나 당장 일할 사람은 줄어드는데 누가 그 큰 비용을 다 지급할 수 있단 말인가. 일당백一當百의 전문 인력이 등장하지 않는 한, 우리 경제의 미래가 암울할 수밖에 없는 불편한 진실 아니겠는가. 인력 구성의 급속한 변화에 따라 수많은 대학이 문을 닫아야 하고, 주택시장은 물론 모든 산업 현장에서 머지않아 지각변동을 불러오게 될 것이다.

둘째는 양극화 심화현상이다. 부익부 빈익빈의 양극화는 어제오늘 애기가 아니지만 1997년 외환위기 이후 한동안 주춤하다가 최근 다시 급격히 악화하는 추세다. 실제로 정부의 공식 통계가 작성된 이래 상위층과 하위층의 소득격차가 가장 큰 폭으로 확대되고 있다. 올 초 통계에는 상·하위 10퍼센트의 격차가 무려 20배에 이르고 있다. 이런 추세라면 양극화를 나타내는 통계 지표가 수년 후에는 남미 수준에 육박할 수도 있을 것 같다.

물론 소득은 개인의 능력과 여건에 따라 어느 정도 격차가 있는 것이 당연한 현상이지만 최근의 양극화는 단순한 부의 차원을 넘어 사회의 안정 기반을 뒤흔들 불편한 진실로 부상하고 있다. 대기업과 중소기업, 수출과 내수기업의 격차는 오히려 낡은 현상으로 치부되고, 교육기회의 격차에서부터 빈곤의 세습 우려에 이르기까지 다차원적으로 확산되고 있다.

나아가 고질적인 보수와 진보, 지역 간 갈등까지 겹쳐 사회 전체가 양극화의 수렁에서 헤어나지 못하고 있다. 천안함의 진실을 믿지 못하겠다는 비율이 20퍼센트가 넘는 불편한 진실이 바로 양극화의 심각성을 대변하고 있지 않은가. 양극화의 갈등과 불신의 비용이 갈수록 증가한다. 결국은 사회 전체의 안정 기반이 흔들릴 수밖에 없는 불편한 진실을 언제까지 외면만 하고 있을 것인가.

가장 심각한 또 하나의 불편한 진실은 정책 패러다임의 실종이다. 경제의 근본적인 구조가 급변하고 있음에도 정부 정책 어디에서도 새로운 비전을 찾아볼 수 없다. 그렇다고 21세기에 부상하는 구조적 현안을 1970년대식 토목사업으로 풀어나갈 수야 없지 않은가. 편협한 관치인사와 즉흥적인 대응방식은 오히려 그 시대보다도 더 후퇴한 것 같다.

이명박 정부는 이제라도 우리 경제의 불편한 진실을 극복할 수 있는 체계적인 정책 비전을 제시해야 한다. 고령화 사회를 뒷받침할 교육과 사회 제도, 산업구조와 문화의 새로운 패러다임을 논의해야 한다. 초심으로 돌아가 정권의 정체성을 회복하고, 민간의 창의와 시장 자율을 존중하는 철학을 담은 시스템 개혁을 시도해야 한다. 우선 넓은 가슴으로 다양한 계층을 포용해 나라의 비전에 대한 '서울 컨센서스'부터 만들어 나가야 한다.

(〈동아일보〉, 2010. 7. 27)

02

수출 대국의
빛과 그림자

1964년은 한국경제에 이정표가 되는 원년이다. 1인당 국민소득이 처음으로 100달러를 넘어섰고, 수출 실적도 1억 달러를 돌파한 해이기 때문이다. 그 해 수출 1억 달러를 돌파한 11월 30일이 수출의 날로 지정되어 오늘에 이르고 있다. 1960년대 초에 북한은 이미 2억 달러가 넘는 수출 실적을 올렸지만, 당시 남한은 겨우 3,000만 달러에도 미치지 못했으니 1억 달러의 감격이 얼마나 컸겠는가.

그 후 45년이 지난 2009년, 한국이 역사상 처음으로 9대 수출국으로 뛰어올랐다. 전년의 12위에서 3단계나 도약했고, 세계 시장에서 차지하는 비중도 89년 2퍼센트를 넘은 지 20년 만에 3퍼센트로 상승했다. 거기에 410억 달러의 무역흑자를 기록해 처음으로 일본을 제쳤다고 야단들이다.

물론 이런 외형적 실적은 어떤 기준으로도 높이 평가할 만하다. 글로벌 경제의 침체 속에서 작년 수출이 전년보다 13.8퍼센트나 줄었지만, 수출

10대국 중 감소폭이 가장 적고 점유율은 높아졌으니 2009년은 우리 기업의 대외 경쟁력이 돋보인 한 해였던 것 같다.

그러나 이렇게 화려한 업적에도 경제 성장의 원동력으로서의 우리 수출이 가진 구조적 취약성은 여기저기서 발견할 수 있다. 첫째, 수출의 고용 창출 효과가 급격히 저하되고 있다. 실제로 한국은행의 분석으로는 수출 10억 원이 창출하는 고용 효과는 9.9명으로, 소비(17.3명)나 투자(13.5명)보다 훨씬 적은 수준이다. 지속적인 수출 확대에도 고용창출 효과는 오히려 수년째 감소하고 있다. 따라서 이런 수출구조로는 아무리 외형적인 성장이 화려해도 우리 경제의 가장 큰 현안인 일자리 창출을 해결하기가 어렵다.

둘째, 주력 수출제품의 글로벌 경쟁력도 지속해서 하락하고 있다. 현대경제연구원의 분석으로는 우리의 주요 수출품인 정보통신 관련 제품의 경쟁력 지수가 이미 중국에 뒤지고 있는 것으로 나타났다. 실제 수출성과를 기준으로 만든 현시적 비교우위revealed comparative advantage 지수가 2008년 1.66으로서 중국의 2.74에 크게 미치지 못하고 있다. 철강의 비교우위 지수는 2.45(2008)로서 아직은 일본(2.15)이나 중국(1.62)보다 상당히 높은 편이나 불과 몇 년 전보다 그 격차가 급속히 줄어들고 있다고 한다.

이런 현상은 수출시장에서 1위를 차지하고 있는 품목 수에도 그대로 나타나 있다. 즉, 우리가 1위를 차지했던 품목이 1999년에는 91개나 됐지만, 2006년에는 58개로 감소했다. 중국(958개)이나 독일(815개), 미국(678개), 일본(318개)에 비하면 턱없이 부족한 수치다. 나아가 우리나라의 5대 품목에 대한 수출의존도는 40퍼센트 이상이며, 중국에 대한 수출 비중도 20퍼센트를 넘어섰다. 소수 품목을 몇 개 시장에 의존하는 편중된 구조로 되어 있어 언제라도 경제의 안정성을 위협할 수 있는 소지를 안고 있는 셈이다.

물론 수출의 외형적인 성장도 매우 중요하다. 그러나 외형적 실적에만 만족하지 말고 수출 9대국의 품위에 걸맞게 수출구조도 시급히 고도화시켜야 한다. 낙후된 서비스 부문의 경쟁력을 높여 수출 산업화시키는 과제도 해결해야 한다. 무역흑자 410억 달러를 저축하면서, 다른 한편에선 150억 달러에 이르는 서비스 적자를 부담해야 하는 불균형을 없애야만 한다.

특히 부가가치가 높은 서비스 부문의 글로벌 경쟁력을 제고시키는 데 심혈을 기울여야만 한다. 서비스 부문의 경쟁력은 제조업과는 다른 차원에서 추진되어야 한다. 현재와 같이 경직된 규제와 관료주의 망상으로는 서비스의 글로벌 경쟁력을 기대할 수 없을 것이다. (〈매경이코노미〉, 2010. 1. 20)

공기업 선진화
어디로 갔나

국민기업의 대명사였던 한국전력이 적자의 수렁에서 헤어나지 못하고 있다. 2009년 800억 원에 가까운 적자를 내더니 2010년에는 무려 1조 8,000억 원의 영업손실을 기록했다고 한다. 적자 누적으로 3년째 배당도 못한다니, 한국의 대표기업이 형편없는 부실기업으로 전락한 셈이다. 스스로 '글로벌 톱 5의 종합 에너지 기업'이라고 외쳤지만, 재무구조가 갈수록 부실해져 이젠 국제무대에 진출하기도 어렵게 됐다. 실제로 작년 이집트와 인도네시아의 발전소 입찰에 나섰다가 사전 자격심사조차 통과하지 못하는 수모를 겪었다고 한다.

전기를 독점적으로 공급하는 거대 기업이 어쩌다 이 지경에 이르게 됐는가. 발전 원가를 제대로 보상받지 못했기 때문이다. 전기를 100원에 생산해 97.3원에 팔고 있다니 매출이 증가할수록 적자가 누적될 수밖에 없다. 일본의 전기요금이 우리의 2.4배이고 미국도 1.4배라니 우리 전기요금 구조가 무언가 크게 잘못된 것 같다. 정부가 공기업을 희생양으로 삼아 전기요금을 무리하게 억누른 결과 아니겠는가. 대기업이 중소기업의 납품가를 후려치는 횡포와 전혀 다를 바 없다. 요금이 싸다 보니 국민 1인당 전기사용량도 주요 선진국보다 훨씬 많아졌고 이 부담이 고스란히 한전의 적자에 반영된 것이다.

그렇다고 값싼 전기요금이 반드시 경제의 효율성을 높여주는 것도 아니다. 이미 국내총생산GDP 단위당 에너지 소비량은 경제협력개발기구OECD에서 최고 수준으로 올라갔고 한전의 누적된 적자는 다음 세대에 그대로 전가되기 때문이다. 정부는 당장 요금이 싸다고 생색을 내겠지만 엉뚱한 사람이 쓴 부채를 제삼자가 나중에 갚아야 하는 꼴이니 이처럼 불공정한 일이 어디 있겠는가. 물가를 볼모로 공기업에 대한 규제 권한을 남용하고 있는 셈이다.

공기업의 부실화는 비록 한전에만 국한된 문제가 아니다. 토지공사와 주택공사를 합병한 LH는 부채가 120조 원에 달하고 하루 이자만도 100억 원이나 된다고 한다. 지구 위에 이렇게 부실화한 공기업을 어디서 찾아보겠는가. 이것 역시 사업성도 없는 국책사업을 정부가 무리하게 밀어붙인 결과다. 그럼에도 국회의 압력과 정부의 눈치에 밀려 아직도 제대로 사업 조정도 못하고 있다고 한다.

그 밖에도 공기업 부실화와 비효율, 방만한 경영 사례는 헤아릴 수 없이 많지만, 문제의 근원은 대부분 정부의 도덕적 해이에서 비롯된다. 당대의 정치적 목적을 달성하기 위해 경제성도 없는 개발사업을 떠넘기고, 권력의 전리품인 양 낙하산 인사를 일삼으며, 과다한 규제로 자율성도 빼앗으니 그런 기업에서 무엇을 기대할 수 있겠는가. 경영부실의 원천이 정부에서 비롯되니 빚더미에 성과급 잔치를 벌여도 정부는 구경만 하기 일쑤다.

정권이 바뀔 때마다 공기업 개혁이 도마에 올라왔지만, 성과는 대부분 기대에 못 미쳤다. 이명박 정부도 2008년 7개의 금융 공기업을 포함해 28개 공기업을 민영화하고 31개 공기업을 14개로 통폐합하는 선진화 방안을 제시한 바 있다. 그러나 집권 후반기에 들어선 지금, 성과는 아직도 오리무중이다.

우선 대표적인 민영화 사례나 통폐합 실적을 찾아보기 어렵다. 낙하산 인사와 과다한 규제 관행도 여전하며, 그렇다고 이른 시일에 선진화 방안이 구체화할 기미도 보이지 않는다. 혹시나 했던 기대가 역시 또 한 번 말의 성찬으로 끝나버릴 것 같은 우려가 앞선다. 특히 우리은행, 산업은행 같은 금융 공기업의 민영화도 여전히 큰 그림조차 그리지 못하고 있다.

민영화나 통폐합 같은 구조적인 개혁이 부진하면 인사와 규제, 감독 등 소프트웨어부터 개선해 경영성과를 높여야 할 텐데 이것 역시 과거의 관행을 답습하고 있다. 오히려 금융권을 비롯한 일부 민간 부문까지 공기업인지 사기업인지 구별하기 어려울 정도로 정부의 지나친 간섭이 더욱 심화하고 있다고 한다.

예를 들어 민간 시중은행의 감사는 여전히 금융감독원에서 모두 내려보내고 있다니 금융계의 전관예우가 법조계 못지않게 심각하다. 심지어 어떤 은행은 금감원의 내부선임이 늦어져 임시주총까지 다시 개최해야 한다니 어디서 선진화의 모습을 찾아볼 수 있겠는가.

정부가 내세우는 공정한 사회의 기치도 민간에만 요구할 게 아니라 공공 부문에서부터 강조돼야 한다. 정부가 먼저 우월적인 권한을 부당하게 행사하지 않고, 기업의 자율성을 존중해줘야 옳다. 민영화도 민간과 경쟁을 할 수 있는 공기업부터 바로 시행해야 한다. 공기업의 주인은 정부가 아니라 국민이다. 더는 공기업을 정치적 도구로만 남용하지 말고 초심으로 돌아가 선진화 개혁을 적극 추진해야 할 것이다. (〈동아일보〉, 2011. 3. 25)

04

등록금 갈등, 이젠 정부가 나설 때

카이스트 사태에 묻혀 관심을 끌지 못하고 있는 대학가의 또 다른 이슈는 등록금 내홍內訌이다. 올해도 많은 대학에서 학생들이 총장실을 점령하고 수업을 거부하며 거리로 뛰쳐나가는 사태가 지속되고 있다. 예식장에까지 등록금 동결 피켓이 등장하는가 하면, 심지어 스스로 목숨까지 버리는 안타까운 사건도 심심찮게 발생하고 있다.

대개는 봄마다 찾아오는 '개나리 투쟁'이라고 간과하기 일쑤지만 대학생의 60퍼센트가 등록금 때문에 자살 충동을 느꼈다는 충격적인 조사도 있으니, 한가롭게 개나리 타령만 할 일이 아니다. 오히려 영재집단인 카이스트 문제보다 훨씬 더 심각한 사회적 파문을 불러올 수 있다.

그렇다고 캠퍼스의 등록금 내분이 대학 내부에서 자율적으로 해결될 기미도 보이지 않는다. 등록금 부담이 고통스럽다는 학생들과 경쟁력을 높이기 위해 어쩔 수 없다는 대학의 입장이 첨예하게 대립하고 있기 때문이다. 여기에는 등록금 의존율이 65퍼센트가 넘는 한국 대학의 고뇌가 그대로 투영되어 있다. 사회여론도 결코 대학에 우호적이지 않다. 국회는 기상천외한 등록금상한제까지 제정했고 언론마다 비싼 등록금과 미흡한 대학 경쟁력을 질타하고 있다. 등록금 논란이 국민적 이슈로 주목받으면서 대학은 곳곳에서 공공의 적으로 몰매를 맞고 있는 셈이다.

등록금상한제가 처음 적용된 2011년의 사정은 더욱 심각하다. 상한제에 따른다면 5.1퍼센트까지도 인상할 수 있지만, 지금은 기껏 2퍼센트 내외의 인상안을 놓고 내분에 휩싸여 있다. 상한제가 문제가 아니라 등록금 인상 자체가 한계에 이르렀다는 증거 아니겠는가. 이런 상황에서 정부는 언제까지 등록금 논란을 캠퍼스의 내분으로 내버려둘 것인가.

먼저 대학의 궁극적인 사명을 생각해보자. 대학은 당연히 미래를 이끌 전문 인력을 양성해 국가발전에 이바지해야 한다. 또한 지식 정보화 사회에서 대학의 경쟁력이 곧 선진화의 관건이라는 사실도 부정할 수 없다. 따라서 경쟁력 있는 대학을 육성하는 것이 가장 큰 과제이고, 그런 대학에서 누구나 등록금에 구애받지 않고 교육을 받을 수 있게 해야 한다.

세계은행은 최근 연구에서 대학 경쟁력의 핵심요소를 우수한 인력과 재정여건, 정부의 규제환경 등 세 가지로 지적하고 있다. 재정은 풍부할수록 좋고, 규제를 풀어 폭넓은 자율성을 부여하라는 것이다. 한국의 그 많은 대학 중 KAIST와 포스텍만이 세계수준으로 평가받는 것도 결코 재정여건과 무관하지 않다. 누군가 막대한 재정을 투입해야만 한다.

선진국들은 재정을 세 가지 형태로 조달하고 있다. 하버드대처럼 300억 달러에 달하는 자체 기금을 가진 명문도 있지만 대부분 정부의 막대한 지원과 다양한 학자금 보조제도가 대학교육을 뒷받침한다. 우리 현실은 어떠한가. 세 가지 모두 열악하기만 하다. 그 결과 10위권의 경제 대국에 세계적인 대학 하나 없고, 인재는 모두 외국대학에 빼앗기며, 등록금에 목숨을 거는 사태까지 발생하고 있다. 경제협력개발기구OECD 어느 나라에서 이렇게 참담한 현상을 찾아볼 수 있겠는가. 서울보다 작은 싱가포르나 홍콩보다도 훨씬 더 열악하다. 한국의 대학들은 개나리가 필 때마다 애꿏은 학생들과 등록금 내분을 겪으며 현상유지에 급급할 뿐이다.

이런 악순환의 고리에서 탈피하려면 이젠 정부가 나서야 한다. 정부의 선택은 오히려 단순할 수도 있다. 적극 재정을 지원하든가 아니면 경직된 규제를 풀어 자율적으로 재정을 확충할 수 있게 하면 된다. 이와 함께 저소득층에 대한 학비 지원과 학자금 융자제도를 획기적으로 확대해야 한다.

OECD 수준의 국격을 홍보용으로만 들먹이지 말고, 대학의 실질적인 지원도 그 기준으로 대폭 늘려야 한다. 중국 같은 개도국도 국내총생산 GDP의 2.5퍼센트를 대학에 투자해 세계 명문을 육성하고 있는데, 우리는 적어도 GDP의 1퍼센트라도 투자해야 하지 않겠는가. 실제로 4대강 사업이나 신공항과 같은 사회간접자본에 대한 투자보다 대학의 육성이 훨씬 더 큰 부가가치를 창출할 수 있다. 교육과 의료 등 소프트 인프라가 주도하는 지식경제시대가 도래하고 있지 않은가.

더는 등록금 내분을 방관하지 말고, 국가적 차원에서 대학정책을 재검토해야 한다. 선거 때마다 가당치도 않은 반값 등록금을 내세울 게 아니라 자율화를 통해 실현 가능한 대안을 찾도록 유도해야 한다. 지금처럼 지원은 미흡한 채 획일적인 규제만 지속한다면 어디에서 한국 대학의 미래를 찾을 수 있겠는가. 나라가 선진화될수록 대학의 경쟁력도 높아지고 교육 기회도 확대되어야 한다. 하지만 현행 제도로는 어느 것 한 가지도 기대하기 어렵다. (〈동아일보〉, 2011. 4. 22)

05

지금은
투자가 먼저다

지금 우리 경제는 위기에 처해 있는가, 아니면 일시적인 침체에 불과한 것인가.

불안감이 확산되는 것은 바람직하지 않다. 대통령도 임기 중 경제는 걱정 안 해도 된다고 강조한 바 있다. 그럼에도 2004년 5월 KBS 등 언론의 여론조사를 보면 국민의 90퍼센트 이상이 위기라고 생각하고 있다. 재계 역시 '컴컴한 터널에 있는 느낌'이라며 '시장에 역행하는 시장개혁'에 불안해하고 있다. 경제에 대한 인식이 크게 양분되고 있는 것이다.

경제를 바라보는 시각에 왜 이렇게 큰 차이가 날 수 있을까. 우선 성장과 국제수지, 물가 등 거시 지표를 보면 우리 경제는 아무런 문제가 없다. 성장률은 1/4분기에 5퍼센트를 넘었고 수출도 연일 사상 최고치를 기록하고 있다. 환율과 외화보유액, 주가지수도 위기와는 거리가 멀다. 어떻게 이런 지표를 보고 '위기'라고 말할 수 있겠는가.

그러나 소비와 투자, 고용 등 부문별 지표를 보면 평가는 크게 달라진다. 설비투자는 침체를 거듭해 생산시설마저 줄어드는 추세를 보이고 있다. 빚이 많은 가계가 씀씀이를 줄여 소비 역시 썰렁하다. 고용 없는 성장도 체감경기를 싸늘하게 만드는 요인이다. 경제가 성장하면 고용이 늘어나야 하는데 지금은 1퍼센트 성장할 때마다 고용이 0.05퍼센트씩 감소하고 있다. 내수경기가 침체한 상황에서 일자리마저 줄고 있으니 서민의 체감경기는 외환위기 때보다 더 심각하다는 얘기가 나온다.

다시 말하면 우리 경제는 지금 국제 경제의 호황에 힘입어 겨우 수출로 연명해 가는 셈이다. 내수의 극심한 침체 속에 수출에만 의존하는 기형적인 성장이 문제의 본질이다. 수출도 반도체와 휴대전화 등 몇 품목에만 의존하고 있어서 경제 전반에 미치는 파급효과가 예전과 같지 않다. 수출이 증가하면 시차를 두고 내수경기도 활성화되는데 지금처럼 수출과 내수의 양극화가 오래가는 것은 새로운 현상이다.

왜 이런 양극화 현상이 오래가고 있는가. 수출의 호황이 설비투자로 이어지지 못하고 있기 때문이다. 오히려 투자는 국외로 빠져나가고 있고, 국내 투자는 수년째 침체 상태다. 내국인도 외국인도 한국을 멀리하고 있다. 투자가 줄어드는데 어떻게 일자리가 생기고 내수부문의 활성화를 기대할 수 있겠는가. 예전처럼 소비나 부동산 경기를 부추길 수 있는 상황도 아니다.

현재의 경제난국을 타개할 핵심 고리는 투자 활성화에 달려 있다. 그렇다고 애국심이나 사명감으로 투자를 강요할 수도 없다. 일시적인 세금감면이나 자금지원도 효과를 기대하기 어렵다. 투자재원이 문제가 아니기 때문이다. 오히려 기업의 현금보유가 사상 최고치를 기록하고 있지 않은가.

가장 절실한 것은 투자자의 마음을 우리 땅으로 되돌려 놓는 것이다. 한국 땅이 불안하지 않다. 귀중한 자산을 투자해도 미래가 보장된다. 안정된 노사관계와 자유로운 기업 활동을 영위할 수 있다는 믿음을 심어주어야 한다. 일류기업을 만든 기업인이 존경받는 사회정서가 뒷받침되어야 한다.

그러나 기업인의 관점에서 한국시장은 과연 어떤가. 자본시장 개방으로 경영권마저 위협받고 있는데, 정부는 지속해서 기존의 소유 지배구조를 와해시키고 있다. 기업의 불안은 아랑곳하지 않고 분배와 인기의 정치가 빠른 속도로 확산되고 있다. 해묵은 이념논쟁으로 사회정서는 더 왼쪽으로 줄달음치고 있다. 이런 요인이 바로 투자를 위축시키는 정책의 불확실성이 아니겠는가.

투자부진의 여파는 오늘에 그치지 않는다. 투자부진이 계속된다면, 비록 오늘은 위기가 아닐지라도 내일은 분명 터널 속으로 들어가게 된다. 정책은 우선순위를 선택하는 기술이다. 투명성과 공정성도 중요하지만, 지금은 투자가 먼저다. 성장을 위해서가 아니라, 생존을 위한 분배 차원에서도 투자가 더 절실한 시점이다. 모처럼 조성된 유화적 분위기를 바탕으로 정부와 기업이 상생相生하는 투자 유인정책이 시급하다. (〈동아일보〉, 2004. 5. 30)

환율전쟁 파고 서비스업으로 넘자

플라자합의가 체결된 지 25년 만에 또다시 환율전쟁이 재연되고 있다. 1985년 9월 G5(미국, 일본, 독일, 프랑스, 영국)는 뉴욕의 플라자호텔에서 달러화 절하와 국제수지 불균형 해소에 합의했다. 당시 불균형의 주범(?)은 일본의 엔화였고 범인을 몰아세운 건 역시 미국이었다. 미국은 그 해에만 무려 430억 달러에 이르는 대일 적자를 기록했기 때문이다.

일본은 국제 간 공조를 앞세운 미국의 위세에 눌려 불과 2년 만에 엔화를 50퍼센트 넘게 절상하는 비운(?)을 맞게 됐다. 그 후 일본 경제는 잃어버린 10년은커녕 25년이 지난 지금까지도 침체에서 벗어나지 못했다. 돌이켜보면 플라자합의는 일본 경제에 큰 재앙을 불러온 역사적 사건이 된 셈이다.

2010년 환율전쟁의 무대에는 일본 대신 중국이 주범으로 등장했다. 전선은 G5에서 G20으로 확대되었지만, 여전히 세계 두 강대국 G2의 싸움이다. 중국이 일본을 제치고 세계 2대 경제 대국으로 부상하면서 미국과 칼날을 겨루고 있다. 중국은 그때의 일본처럼 녹록지 않다. 글로벌 위기에서도 고도성장을 지속하는 막강한 경제력을 바탕으로 세계시장 곳곳에서 안하무인이다. 미국과 강대국의 지속적인 압력에도 위안화 절상에는 별다른 성의조차 보이지 않았다.

이런 가운데 환율논쟁은 세계적 현안으로 부상했지만, G20 서울 정상회의에서 컨센서스를 찾기는 쉽지 않아 보인다. 플라자합의의 재앙과 외환위기의 비운을 학습한 각국이 선뜻 자국 통화의 절상을 받아들일 수 없어서다. 겉으론 미사여구로 국제 간 공조를 최고의 덕목으로 내세우지만, 누가 감히 자국의 이익을 뒤로하고 세계경제를 위해 희생하겠다고 나서겠는가.

미국은 위안화가 25퍼센트 이상 절상되어야만 50만 명의 일자리가 창출되고 무역적자도 크게 줄어 경제가 회복될 수 있다고 주장한다. 중국의 입장은 판이하다. 미국 적자의 주범이 위안화가 아닐 뿐만 아니라 아직도 개발도상국에 불과한 중국을 환율로 압박하는 게 부당하다고 주장한다. 이런 대립 속에 미국은 많게는 1조 달러를 더 풀 것으로 전망된다. 2008년 위기 직후의 긴급 재정지출 확대가 7,000억 달러 수준이었음을 상기하면 엄청난 양적 확대가 아닐 수 없다. 이렇게 되면 달러화 가치의 하락은 시간문제 아니겠는가.

실제로 중국은 이미 달러화 하락에 적극 대비하고 있다. 2조 6,500억 달러에 달하는 막대한 외화보유액을 달러 이외의 다양한 자산으로 대체하기 위해 금과 원자재 등 실물은 물론 한국과 일본 등 세계 각국의 금융시장에 공격적으로 투자한다. 중국의 손길이 미치는 곳마다 유동성이 급등하고 가격이 폭등하는 상황이 전개되고 있다. 이 와중에서 우리 원화도 폭등해 환율이 연일 급락한다.

환율전쟁의 여파는 어디까지 갈까. 결국, 양적 확대를 추진하는 달러화는 상당 기간 하락이 불가피하고 위안화 절상도 어느 정도 수용할 수밖에 없다. 환율은 어차피 외국통화와의 상대가격이므로 기축통화의 양적 확대에 따라 자국 통화의 가치는 높아질 수밖에 없다. 이 과정에서 강대국 간의 마찰이 확대되면 보호무역을 자제하자는 G20의 합의는 물 건너가고, 세계경제의 회복 기조 자체가 큰 위협을 받는다. 또한, 기축통화 폭락에 따른 시장 불안과 불확실성이 한동안 세계경제를 짓누르게 될 것이다.

달러화에 연계된 원화의 운명은 안타깝게도 우리 손으로 다스릴 수조차 없는 형국이다. 중앙은행이 미세조정을 시도한다 해도 어떻게 원화 절상의 대세를 바꿀 수 있겠는가. 처량하게도 시장이 요동칠 때마다 가슴 졸여야 하는 새우의 운명을 탓할 수밖에 없는 셈이다. 행여 환율조작국의 누명이라도 쓰지 말아야 할 것이다.

오히려 이제는 원고高에도 굳건히 견뎌낼 수 있는 전략을 시급히 마련해야 한다. 일본의 사례를 보라. 플라자합의 이후 최근까지 높은 엔고 속에도 흑자를 유지하지 않는가. 비결은 소재와 부품산업의 경쟁력, 그리고 생산성 제고에 있다.

나아가 환율 10원의 등락에도 온 나라가 요동치는 산업구조부터 개선해야 한다. 제조업 수출에만 지나치게 의존하고, 서비스업 적자는 경제협력개발기구OECD에서 수위를 달리는 기형적 구조로 어떻게 선진화를 달성할 수 있겠는가. 지난 10년간 서비스업 적자가 무려 1,200억 달러에 이른다. 의료, 교육, 금융의 규제만 완화해도 교역구조가 크게 달라질 수 있다.

일자리 창출을 그렇게 외치면서도 고용 효과가 훨씬 높은 서비스업은 외면하고 언제까지 제조업 수출에만 매달릴 것인가. 정답은 이미 오래전부터 알려졌지만, 파국에 이를 때까지 거들떠보지 않는 정부가 안타깝기만 하다. 긴 안목으로 원화 절상을 극복할 수 있는 선진화 전략을 가다듬어야 한다. (〈동아일보〉, 2010. 10. 19)

07

수출, 지금이
구조조정 적기

"제2차 세계대전 직후 처칠 씨가 영국 국민에게 수출이냐 죽음이냐, 이런 비장한 구호를 내건 적이 있습니다. 수출이냐 죽음이냐, 오늘날 바로 우리에게 적용할 수 있는 구호라고 생각합니다. ……어떻게 하든지 10억 달러 정도 올려놓고 난 뒤에, 남이 하는 흉내를 내야 하지 않겠습니까."

수출 1억 달러를 처음 달성했던 1964년 박정희 전 대통령의 연설이다.

수출이냐 죽음이냐를 외친 지 45년 만에 한국이 세계 9대 수출국으로 올라섰다. 사상 처음으로 톱 10에 진입했다. 1억 달러의 목표를 회상하면 얼마나 감개무량한 성과인가. 세계시장 점유율도 처음으로 3퍼센트를 돌파하고 무역흑자도 410억 달러로 일본을 제쳤다니 놀라운 업적이 아닐 수 없다. 아무리 수입이 수출보다 더 큰 폭으로 감소한 결과로 나타난 불황형 흑자라고 깎아내려도 우리 경제에 큰 획을 긋는 실적을 올린 셈이다.

이와 같은 혁혁한 성과에도 9대 수출대국의 지위를 지속해서 누리기 위해서는 많은 난관을 극복해야 할 것 같다. 글로벌 경제는 여전히 불안정하고 시장 경쟁은 더욱 치열해지기 때문이다. 더욱이 중국을 비롯한 개도국의 추격이 예사롭지 않은데다 기술과 환경 등 선진국의 새로운 무역장벽은 갈수록 더 높아만 간다. 앞뒤의 높은 벽을 넘어야만 하니 수출 10억 달러의 목표를 몇백 배 초과했어도 선진국 행세의 꿈은 아직 요원하기만 하다.

물론 글로벌 환경만이 현안은 아니다. 새해에는 당장 수출의 외형적 성장을 뒷받침해 줄 환율효과도 기대하기 어렵다. 대규모 무역흑자가 원화 강세와 환율인하의 압력으로 작용하기 때문이다. 이런 여건 속에서 수출 대국으로 안정적 성장을 이룩하려면 무엇보다도 먼저 수출의 국내 파급효과를 크게 높여야만 한다. 특히 높은 수입 의존도 때문에 부가가치가 낮고 고용 효과도 작으며 중소기업 부문의 기여가 빈약한 수출구조를 시급히 고도화해야 한다.

수출품목과 지역 또한 현재보다 훨씬 더 다양해져야 한다. 현재와 같이 조선, 반도체, 자동차 등 5대 품목이 40퍼센트가 넘고 중국에 대한 수출 의존도가 20퍼센트에 달하는 편중된 구조로는 국민경제의 안정을 담보할 수 없다. 소수 품목의 집중도는 중국(27퍼센트)이나 일본(34퍼센트)과 비교했을 때도 지나치게 높다. 또 어떤 기준으로 봐도 중국의 비중이 우려할 만한 수준으로 높아지고 있는 게 사실이다. 나아가 개도국에 대한 수출 비중의 증대는 저부가가치 제품의 수출 증가를 가져와 수출구조의 고도화와는 역행하는 결과를 가져온다.

수출품목이나 대상국이 소수에 집중될수록 국내 경제의 변동성과 불안이 심화하는 현상은 너무나 당연하다. 2009년에는 우연히 선진국 경제가 침체하고 중국만 선전한 결과로 우리의 수출 성과가 호전됐다. 하지만 장기적으로 수출구조는 시장규모에 비례해서 다변화하는 것이 바람직하다.

한편 대규모 무역흑자와는 달리 서비스 부문에서는 150억 달러가 넘는 적자가 예상된다. 금융, 의료, 교육, 통신 등 서비스 부문은 부가가치는 물론 고용 효과가 제조업의 두 배가 넘는다. 따라서 일자리 창출, 수출구조의 고도화, 경제의 선진화가 모두 서비스 부문의 경쟁력에 달려 있다.

규제를 획기적으로 철폐해 민간의 자율과 창의성을 확대하고 투자를 활성화하는 것이 가장 빠른 지름길이다. 교육과 금융을 보면 관치의 손이 강해질수록 경쟁력이 떨어지는 서비스 부문의 속성을 바로 알 수 있다. 이제는 수출구조의 고도화만 필요한 게 아니라 경제정책도 한 차원 높은 고도화가 필요하다. 수출대국에 버금가는 새로운 정책의 패러다임을 도입해야 한다. (〈동아일보〉, 2010. 1. 5)

08

누더기 재산세
단순화하자

부동산 세금을 논의하자면 헨리 조지의 고전을 건너뛸 수 없다. 토지 단일세single tax로 널리 알려진 그의 이론은 성장 과정에서 발생하는 빈부 격차가 바로 토지 소유자들의 과다한 이득 때문이라고 갈파했다. 따라서 근로소득세 등 다른 세금은 폐지하고, 토지에만 단일세를 부과해 지주의 불로소득을 환수하는 것이 가장 효율적이고 공평한 과세라는 것이다.

물론 오늘날 그를 지지하는 학자는 많지 않다. 개발되지 않은 자연 상태 토지가 아니라면 그의 주장을 이론적으로 뒷받침하기 어렵기 때문이다. 다시 말하면, 한 번의 삽질로도 토지 가치가 변할 수 있다는 사실을 간과했던 것이다. 그럼에도 그의 부동산세는 지주의 불로소득에 대한 과세라는 이상적 명분 때문에 전 세계에 큰 영향을 미쳤다. 홍콩과 싱가포르는 물론 한국도 그의 영혼이 가장 생생하게 살아 있는 나라에 속한다.

특히 우리나라에서는 부동산세가 징벌적으로 부과되어 투기도 잡고 분배정의도 실현한다. 때로는 경기도 조절하는 묘약인 양 남발되어 온 것이 사실이다. 재산세는 당연하고 양도세에다 그것도 모자라 종합부동산세까지 추가되었다. 게다가 지역이나 주택 수에 따라 또다시 중과세하는 이중삼중의 안전장치(?)까지 마련되었다.

어디 그것뿐인가. 경기 변동에 따라 양도세를 수시로 조정하고, 각종 자의적 기준과 예외조치를 적용해 왔다. 부모와 합하거나 전근을 갈 때, 거주기간이나 매매 시점, 구매연도에 따라 같은 주택이라도 세금은 천차만별이다. 최근에는 정부의 무책임한 세제개편 발표를 믿고 거래한 사람에게까지 예외를 적용한다고 하지 않는가. 이러다 보니 양도세제가 누더기처럼 복잡하고 혼란스럽게 변질되었다. 숙련된 세무사가 아니라면 누가 자기 집 세금을 제대로 계산할 수 있겠는가.

이렇게 복잡하고 예외규정이 많은 세제로는 매매차익에 중과세해 투기적 수요를 억제하겠다는 본래 취지를 효율적으로 달성할 수 없다. 오히려 거래만 위축시키고, 각종 예외를 원용하는 탈세의 인센티브만 조장하게 된다. 따라서 특정 지역에 대한 중과세 철폐를 논하기 전에 근본적으로 재산세제 자체를 개편하는 것이 더 바람직하다.

우선 세제를 단순화해야 과세의 기본원칙인 효율성이 제고된다. 이것은 양도세와 종부세를 점진적으로 폐지하고, 대신 재산세 하나로 흡수하면 쉽게 해결될 수 있다. 행여 투기는 어떻게 막느냐고 반문할지 모른다. 그러나 현행 양도세가 투기억제에 이바지하지 못한다는 실증분석은 차치하고라도 선진국처럼 재산세만으로도 효율적인 투기억제가 가능하다. 즉 투기는 부동산 보유비용과 기대수익에 따라 결정되므로 재산세 인상을 통해 보유비용을 높이면 투기의 기대수익률은 하락할 수밖에 없다.

현행 재산세 실효세율이 선진국 평균인 1퍼센트 내외에 크게 미치지 못하는 사실을 고려하면, 재산세를 점진적으로 인상해 투기적 수요를 억제할 수 있는 여지는 충분하다.

또한, 서민 주택에는 낮은 세율을 부과하고, 일정 규모 이상은 소득세처럼 누진제를 적용한다면 양도세보다 훨씬 더 소득재분배에 이바지하고 효과적인 투기억제 장치가 될 수 있다. 1가구 2주택이냐, 3주택이냐를 굳이 따질 필요도 없이 전체 보유 부동산 규모에 따라 세율을 적용하면 된다.

물론 당장 양도세 등을 폐지하면 상당한 혼란이 따를 수도 있다. 따라서 지금부터 5~7년간 계획을 세워 양도세와 종부세는 점진적으로 낮추고, 재산세로 흡수해 단순화하는 세제개편을 시작해야 한다. 이런 개혁일수록 최근처럼 시장이 안정되고 구조조정이 절실히 요구되는 시점에 시행해야 한다.

아직도 헨리 조지를 흠모한다 해도 이런 개편을 반대할 이유가 없다. 이것이야말로 진정한 토지 단일세 정신이고, 세제의 효율성은 물론 국민 경제 발전을 위해서도 바람직하기 때문이다. (〈매일경제〉, 2009. 4. 30)

09

감세정책
지속해서 추진해야

1696년 영국은 유리창 규모에 따라 재산세를 부과하는 '창문세'를 도입했다. 창문이 넓고 많은 저택일수록 더 많은 세금을 내라는 것이었다. 창문세는 당시에 상당한 파문을 몰고 왔다. 집집이 유리창을 벽돌로 메우고, 성城마다 창문을 줄이는 대대적인 공사가 전국을 휩쓸었다. 유리창을 만드는 기업은 파산했고, 모든 건축물은 어두컴컴하게 설계될 수밖에 없었다. 유럽 고성古城에 가보면 저택은 넓어도 창문이 좁고 답답한 이유가 바로 여기에 있다.

오늘날 조세 영향은 창문을 바꾸는 데 그치지 않는다. 기업은 세금 때문에 본사를 이전하고 때로는 국적까지도 바꾼다. 세금은 부동산 투기에서부터 저축과 소비에 이르기까지 모든 경제활동에 큰 영향을 미친다. 따라서 조세정책은 공평하고 일관성 있게 추진돼야 한다. 특히 생산적 활동은 부추기고 사회적 낭비를 억제해 경제를 활성화할 수 있어야 한다.

그러나 최근 조세정책은 이런 원칙에서 크게 벗어나고 있는 것 같다. 이명박 정부는 애초 감세를 통한 경제 활성화와 시장 자율성 제고를 외치며 출범했다. 이런 취지로 부자 감세 논란에도 불구하고 종합부동산세를 무력화시켰다. 그리고 점진적인 소득세 인하를 예고하는 등 감세정책에 의욕을 보였던 게 사실이다.

그러나 불과 몇 달 만에 정부가 중도실용과 친서민 정책을 표방하며 방향을 바꾸더니 급기야 부자 감세에 따른 부작용을 제기하며 소득세와 법인세의 단계적 인하 방침을 재검토하고 있다. 나아가 최고 세율 구간을 또 하나 신설해 고소득자에 대한 누진세를 강화하자는 안도 제기되고 있다.

과연 고소득 부자 기준은 무엇인가, 현재 최고 세율은 합당한 것인가? 물론 단순히 35퍼센트 최고 세율로만 비교하면 영국이나 일본(40퍼센트), 뉴질랜드(39퍼센트) 등에 비해 낮다고 한 수 있다. 그러나 미국(35퍼센트)이나 스웨덴(25퍼센트), 싱가포르(20퍼센트) 등과 비교한다면 결코 낮은 수준이 아니다.

또한, 최고 세율이 적용되는 소득기준을 보면 국제적인 비교가 더욱 분명해진다. 실제로 경제협력개발기구OECD 국가 중 우리 기준인 8,800만 원에 최고 세율을 적용하는 나라는 찾아보기 어렵다. 미국은 4억 원이 넘고, 영국과 일본은 물론 중국도 2억 원을 훨씬 넘는다. 싱가포르 고소득 기준(2억 6,000만 원)을 우리 소득 수준으로 조정한다면 약 1억 5,000만 원부터 최고 세율 20퍼센트를 적용하는 셈이 된다. 따라서 현행 세제는 과세구간이 지나치게 낮게 편중되어 있어 오히려 중·저소득층에게도 큰 부담을 주고 있다.

　조세의 소득재분배 기능을 높이기 위해 고소득자에게 누진세를 부과하는 것은 너무나 당연하다. 그러나 더는 우물 안에서 부자 감세 논란을 벌이지 말고, 세제도 글로벌 표준을 좇아가야 한다. 특히 유리알 지갑으로 모든 소득이 노출되는 근로소득에 대해서는 최소한 경쟁국에 버금가게 세율을 조정하고, 최고 세율 구간도 대폭 상향해야 한다.

　이를 위해서는 선진국처럼 과세 구간도 임금 상승률에 연동해 매년 조정해야 한다. 실제로 96년에 정한 과세 구간이 작년에 처음 바뀌었으니 그동안 납세자 권익이 얼마나 무시되었는가. 그 결과 세금은 명목임금 상승에 따라 자동으로 인상됐고, 2003~2007년에만 소득세는 무려 87퍼센트나 증가했다. 임금 상승분을 고스란히 세금으로 흡수한 셈이다.

　그래도 행여 부자 감세가 마음에 걸린다면 차라리 종합부동산세 인하를 철회하는 게 훨씬 낫다. 생산적 활동을 장려하기 위해 근로소득세나 법인세는 낮게 유지해야 하기 때문이다. 아무리 부자를 경원해도 나라가 부강해지려면 고소득 근로자를 훨씬 더 우대해 근로의욕을 고취해야 한다. 그래서 창문을 부수는 유혹에 빠지지 않게 해야 한다. (〈매일경제〉, 2009. 11. 19)

공정한 사회와 제로섬 게임의 함정

골프와 같은 운동은 개인의 독자적인 기록을 중시하지만, 축구나 야구 등 대부분 경기는 상대방이 어떻게 하느냐에 따라 경기 결과가 나타난다(물론 골프도 누구와 같이 치느냐에 따라 스코어가 완전히 달라지는 예도 있지만……). 경제현상도 운동경기처럼 상대방 반응에 따라 결과가 달라지는 경우가 많다. 기업의 성과도 경쟁기업의 전략에 큰 영향을 받지 않는가. 이러한 경제주체 간의 상호의존성 때문에 경제정책이나 전략을 운동경기에 비유해 게임game이론으로 접근하는 경우가 많다.

경제학에서 게임이론이 가장 많이 응용되는 분야는 소수 기업이 경쟁하는 과점시장이다. 하지만 상대방과의 상호의존성에 따라 결과가 달라지는 경제현상의 경우도 게임이론으로 설명할 수 있다. 예를 들어, 우리 사회에 화두가 되고 있는 중소기업과 대기업 간의 상생문제도 게임이론으로 풀어보면 흥미로운 결과를 유추할 수 있다.

실제로 중소기업과 대기업의 상생정책은 나라를 위해서도 바람직하고 필요한 정책이다. 경제위기 때마다 더욱 심각해지는 대기업과 중소기업의 차이를 없애고, 적절한 조화를 통해 나라 경제를 균형 있게 발전시키자는 것이니 얼마나 바람직한가. 명분과 실리를 모두 갖춘 이상적인 정책목표인 것이다.

그러나 문제는 그 이상을 어떻게 실현하느냐에 달려 있다. 연일 정부나 관련 단체들에서 전시성 협약을 체결한다거나, 1960~1970년대와 유사한 방식으로 정부가 주도해 상생을 독려하는 방식은 장기적으로 큰 효과를 거두기 어려울 것이다. 특히 정부가 여러 정책을 통해 대기업의 이익을 줄이는 대신 중소기업에 그 이윤을 전가하도록 유도한다면 어떤 결과를 가져오겠는가.

대기업의 이윤은 줄어들고 중소기업은 늘어나겠지만, 사회 전체적으로는 그 합이 예전과 같다. 한쪽이 마이너스가 되는 것을 다른 쪽의 플러스로 가져가는 것이다. 얼마 전 대통령이 언급한 대로 "부자 때문에 가난한 사람이" 아니면 "대기업 때문에 중소기업이 안 된다"는 접근도 바로 이런 현상 아니겠는가.

즉, 사회 구성원 간의 배분은 달라지지만, 전체적인 합계는 같게 되는데 이런 형태의 정책을 영합零合게임이라고 한다. 합해서 0이 되는 결과를 가져오게 되므로 제로섬 게임zero-sum game이라고 부르는 것이다. 이 경우 한쪽이 이익을 보면 다른 상대방은 그만큼 손해를 보는 형태가 된다. 이렇게 되면 대기업과 중소기업의 이익 변동은 합해서 0이 되기 때문에, 사회 전체의 후생은 달라지는 게 없다. 달라지는 게 있다면 그것은 중소-대기업 간의 갈등관계가 깊어지는 것이다.

경제현안을 제로섬 게임으로 접근하는 방식은 분배정책에서도 자주 활용된다. 예를 들어, 부자에게 세금을 높이 부과해 저소득계층에게 재분배하거나, 연금 등에서도 소득에 따라 배분을 달리해 재분배하는 등의 제로섬 게임 정책이 실제로 활용되고 있지 않은가.

그러나 제로섬 게임은 지속적인 효과를 기대하기는 어렵다. 효과는커녕 오히려 사회계층을 분열시키고 대립과 갈등을 유발하는 촉매가 될 수 있다. 다른 사람이 많이 벌기 때문에 자신의 소득이 감소한다고 생각하면 두 사람의 관계가 어떻게 되겠는가? 상생을 실현하기 위한 정책이 오히려 상극관계를 만들어 버리는 것이다.

따라서 제로섬 정책보다는 중소기업이 경쟁력을 갖추도록 유도하는 전략이 훨씬 더 바람직하다. 합해서 0이 되는 게 아니라 플러스가 되는 게임을 만들어야 한다. 이것이 우리가 추구해야 할 진정한 상생정책 아니겠는가. 공정한 사회도 합해서 0이 되는 게임으로 풀어나가서는 안 된다. 불공정한 관계는 당연히 청산되어야 하지만, 그렇다고 문제의 원인을 '네 탓'으로 돌리지는 말자. (《매경이코노미》, 2010. 10. 6)

경제 '정치의 덫'
풀어주자

대중의 인기를 먹고사는 정치인들은 항상 고통을 수반하는 정책에 소극적이다. 장기적인 파장이 어떻든 우선 인기 있는 정책을 선택하려고 한다. 이런 유혹은 특히 선거철에 더욱 극심해진다. 그래서 표를 많이 모을 수 있는 경제정책이 쏟아져 나온다. 그러나 경제문제를 시장이 아닌 정치논리로 접근하면 경제는 여지없이 정치의 덫에 걸려버린다.

이러한 유혹은 선진국이라고 예외가 아니다. 과거 미국 연방준비제도이사회FRB 의장이었던 폴 볼커와 로널드 레이건 당시 대통령의 갈등을 살펴보자. 지미 카터 대통령 시절에 임명된 볼커 의장은 1979년 10월의 어느 토요일, 금리를 20퍼센트 수준으로 전격 인상했다. 15퍼센트대의 고질적인 물가를 잡기 위해 금리를 두 배나 인상한 것이다. 당연히 주택건설은 꽁꽁 얼어붙었고, 소비는 급격히 줄었다. 농부들은 분노와 썩은 채소 꾸러미를 워싱턴의 FRB 건물 앞에 쌓아 놓고 시위를 벌였다. 볼커 의장의 초

상화는 불태워졌고 신변의 위협마저 심각했다. 선거를 앞둔 레이건 대통령과 의회는 당장 그를 신랄하게 추궁했다. 당연히 돈을 풀어 경기를 살리고 실업을 없애라고 윽박질렀던 것이다.

그러나 2미터의 장신인 볼커 의장은 말없이 시가만 피워댈 뿐 정치의 덫에 빠져들지 않았다. '충격요법'만이 미국 경제를 살릴 수 있다는 확신이 있었기 때문이다. 몇 년 뒤 그의 정책은 인플레이션을 잠재웠다. 1990년대 미국 경제의 호황을 이끄는 초석이 됐다. 볼커 의장은 레이건 대통령을 애타게 하였다. 하지만 그가 만든 호황의 공功은 훗날 빌 클린턴 대통령이 누린 셈이다.

우리가 어떻게 이런 모습을 기대할 수 있겠는가? 금융정책의 독립성이 제도적으로 보장된 선진국에서도 정치인의 압력이 거센데, 우리가 언제 그린 꿈을 실현할 수 있겠는가. 우리처럼 경제정책이 정치에 예속된 후진국에서는 선거철마다 정치의 덫에 빠져 곤욕을 치르곤 한다. 이번에도 예외가 아니다. 경제위기에는 아랑곳하지 않고 정치권은 여전히 선거에만 열을 올리고 있다. 정부와 여당은 '올인' 작전으로, 야당은 대통령 탄핵까지 거론하는 상황이다.

이것은 물론 정상적인 정치활동일 수도 있다. 그러나 여야의 극한대결로 정치권이 불안정한 가운데 경제 각료는 차출되고 장밋빛 공약만 난무한다면, 이것이 곧 경제를 옭아매는 정치의 덫 아니겠는가. 게다가 정치자금에 연루된 기업 수사가 1년을 넘기고 있으니, 덫에 빠진 경제의 심각성은 더 말할 나위 없다. 한마디로 정치가 경제에 도움을 주기는커녕 국가신용도에까지 부정적인 영향을 주고 있는 셈이다.

　실제로 2004년 외국 언론은 우리 경제에 심각한 경고를 보내고 있다. 〈뉴스위크〉와 〈파이낸셜 타임스〉는 대기업 부채로 외환위기를 겪었던 한국이 불과 5년여 만에 다시 소비자 채무로 '제2의 경제위기'를 맞고 '파산의 위기'에 처했다고 지적하고 있다. 2001~2002년의 무리한 경기부양이 가져온 결과이니, 이것 역시 정치의 덫이 아니겠는가. 일본 경제학자 오마이 겐이치도 정치 불안 속에서 정부의 인허가에 기업의 운명이 달린 나라가 어떻게 국민소득 2만 달러를 꿈꿀 수 있겠느냐고 지적한다.

　우리 경제는 지금 위기와 기회의 갈림길에 서 있다. 내수 침체와 투자 부진으로 고용불안은 더욱 가중되고 있지만, 수출은 달아오르고, 외국인의 '싹쓸이'로 주가도 900선을 뛰어넘고 있다. 20년 만에 다시 찾아온 국외 경제의 호황 속에서도 유독 우리 경제만 내부적인 요인으로 고전을 면치 못하고 있는 것이다. 어떻게 이런 상황에서 탈출할 수 있겠는가.

　위기의 원인을 깊게 분석해보면, 역시 정치가 큰 비중을 차지하고 있다. 제발 경제를 정치의 덫으로부터 자유롭게 하자. 기업인들도 이제 정치의 덫에서 풀어놓자. 대통령도, 정치인도 더는 경제를 정치논리로 해결하지 말고 시장 방식으로 풀어야 한다. 나아기 정치 불안에도 경제정책의 일관성을 유지할 수 있는 제도적 장치도 모색해야 하지 않겠는가. (〈동아일보〉, 2004. 3. 7)

12

통일세보다
급한 것

북한 경제가 벼랑 끝으로 치닫는 것 같다. 물론 북한의 피폐화는 어제오늘의 얘기가 아니지만, 2007년 현실은 여느 때와는 상당히 다른 듯하다. 수십 년 침체에 설상가상으로 화폐개혁은 실패로 끝났고 북한의 젖줄이었던 남한과의 거래도 천안함 사태 이후로 중단되었다. 게다가 체제 세습의 과도기까지 겹쳤으니 북한은 지금 정권 수립 이후 60여 년 만에 가장 심각한 도전에 직면했다. 민생 피폐와 남북경색, 체제 세습 등 삼재三災의 난관에 부닥친 셈이다.

더욱 심각한 문제는 이 중 어느 하나도 극복하기가 만만치 않다는 사실이다. 민생은 만성질환이고 대남관계는 핵 문제가 걸려 있고 김정일의 지병으로 체제세습을 미룰 수 없는 처지다. 어느 것 하나 스스로 해결할 수 없고 포기할 수 없는 난제다. 북한이 선택한 핵 카드는 트로이의 멸망을 가져왔던 파리스의 사과처럼 오히려 체제를 붕괴시키는 촉매제로 변질하고 있다. 특히 많은 경제위기가 정권교체기에 발발했던 역사적 사례를 고려한다면 북한 상황이 절대 심상치 않아 보인다. 미국의 대공황과 최근의 금융위기도, 한국의 외환위기도 모두 정권이 바뀔 때 터지지 않았는가.

북한의 위기에 대비해 우리는 과연 무엇을 준비해야 하는가. 대통령은 통일비용의 재원으로 통일세 논의를 제안했다. 이념의 환상에 갇혀 있던 통일문제를 구체적으로 부담해야 할 세금으로 논의해 보자는 말이다. 물론 누구도 아무런 대가 없이 통일이 달성될 수 있다고 믿지 않는다. 특히 남북한의 소득격차가 무려 18배에 이르니 막대한 통일비용이 소요되리라는 점은 삼척동자도 짐작할 수 있는 일 아닌가.

과연 그 비용은 얼마나 소요되고 누구에게 많은 부담을 지게 해야 하는가. 통일비용은 적게는 3,000억 달러에서부터 많게는 수조 달러에 이르기까지 발표 수치만 놓고 보면 연구기관마다 천차만별이다. 추정치가 난무해 혼란스럽기도 하다. 통일비용은 어떤 목적으로, 언제, 어떻게 집행하느냐에 따라 추정치가 모두 다를 수밖에 없다.

우선 소득 격차를 없애기 위한 통일비용을 계산해 보자. 북한의 낮은 소득을 어떻게 끌어올릴 수 있을까. 몇 년 안에 남한과 같은 수준으로 만들려면 엄청난 재원이 필요하다. 남한의 절반 수준만 유지한다면 비용도 절반밖에 들지 않을 것이다. 소요기간에 따라 10~30년으로 나눌 수도 있고 복지혜택으로 직접 나눠줄 수도 있으며 공장을 세워 우회적으로 소득을 창출할 수도 있다. 통일과정의 시나리오에 따라 수없이 많은 추계치가 등장할 수 있다. 이렇게 보면 통일비용의 규모는 통일과정에 대한 사회적 합의가 먼저 이루어져야만 근사치를 정할 수 있는 셈이다.

통일비용을 정확히 추정한다 해도 비용부담은 또 다른 문제다. 통일은 원하지만 비용부담은 싫다는 국민이 많기 때문이다. 자신이 부담할 용의가 있는 수준을 물으면 대체로 매우 낮은 수치로 응답한다. 일부에서는 막대한 통일비용을 부담하면서 굳이 통일해야 하느냐는 궁극적인 의문을 제기한다. 독일의 통일 이후 많은 조사에서 통일에 대한 국민의 염원이 크게 저하된 이유도 모두 비용분담의 문제 아니겠는가.

따라서 통일비용 추정도, 재원 조달도 모두 통일과정에 대한 사회적 합의에 좌우될 수밖에 없는 종속변수의 성격을 가진다. 다시 말하면 통일세 논의는 어떤 통일방안이 사회적으로 용인될 수 있는가에 대한 사전적인 공론화 없이는 한 발짝도 더 나갈 수 없는 과제다.

이 과정에서 쉽게 공감할 수 있는 전제가 있다면 바로 통일비용을 최소화하자는 것이다. 대체로 점진적인 통일이 급격한 흡수통일보다 훨씬 더 적게 비용이 소요되는 것으로 나타난다. 화해와 협력을 점진적으로 확대해 남북한의 격차를 줄인 이후에 통일을 추진해야 비용을 줄일 수 있다는 얘기다. 미래기획위원회의 연구에서도 급격한 흡수통일이 30년간에 걸친 점진적 통일보다 7배나 큰 비용이 소요되는 것으로 나타났다.

과연 어떤 과정이 우리에게 가장 바람직할까. 통일비용을 줄이기 위해 다시 화해와 협력을 통해 점진적인 통일을 추진해야 하는가. 그러나 지금 남북관계는 이미 루비콘 강을 건너고 있다. 극적인 계기가 없는 한 과거로 회귀하기 어렵고 군사적 긴장 속에 북한의 위기만 더 증폭되고 있다. 그렇다면 막대한 비용을 감수하고 일전불사의 각오로 적극적인 통일을 추진해야 하는가.

통일세 논의에 앞서 정부와 국책 연구기관이 앞장서서 통일논쟁에 대한 사회적 공론화 과정을 주도해 나가야 한다. 북한 정보를 폭넓게 공개하고 다양한 정책 시나리오에 대한 의견 수렴을 시도해야 한다. 그래야 통일정책에 대한 신뢰가 높아지고 통일과정의 혼란을 극복할 수 있으며, 필요한 재원도 충분히 조달할 수 있다. (〈동아일보〉, 2010. 8. 24)

13

한국의
소토마요르가 나오려면

미국은 2009년 7월 아메리칸 드림의 성공 신화를 탄생시키는 또 하나의 역사를 전 세계에 보여 주고 있다. 그것은 바로 히스패닉계로 첫 대법관에 지명된 소토마요르 인생 역정이다.

초등학교도 제대로 못 마친 푸에르토리코 이민 노동자의 딸로 태어난 그녀는 9세 때 아버지를 여의었고, 어릴 적부터 당뇨와 투병하며, 뉴욕의 험악한 브롱크스 빈민가에서 자랐다고 한다. 그럼에도 소외계층의 제약을 극복하고, 아이비리그 명문을 거쳐 종신직 대법관에 오르는 성공 스토리를 만들어낸 것이다.

오바마 대통령은 소토마요르를 지명하며 온갖 역경을 이겨낸 아메리칸 드림의 전형으로 소개했지만, 그녀는 오히려 미국의 훌륭한 교육제도가 그 꿈을 가능하게 했다고 겸손해했다. 또한, 간호사인 어머니의 헌신과 소수민족에 대한 적극적인 배려정책으로 자신의 성공이 가능했다는 사실도 잊지 않고 언급했다.

세계 곳곳에서 이민 온 다양한 민족이 서로 다른 문화를 형성하고 있는 미국 사회가 경제적 불균형 속에서도 안정을 유지하고 있는 가장 큰 이유는 역시 교육에서 비롯되는 것 같다. 아무리 어려운 가정에서 태어나도 교육제도를 통해 가난을 대물림하지 않고 개천에서 용이 날 기회를 주기 때문이다. 능력과 다양성을 존중하는 미국 문화에 소수민족과 소외계층에 대한 적극적인 배려가 제도화된 것이다.

지금 우리 사회는 어떠한가? 과연 현행 교육 제도로 소토마요르 같은 인물이 탄생할 수 있겠는가? 불행히도 양극화는 OECD 회원국 중 가장 빠르게 심화하고 있는데, 이를 없애고 서민들에게 꿈을 줄 수 있는 정책은 어디에서도 찾아볼 수 없다. 대통령까지 나서서 교육혁명을 주창하고 있지만, 쏟아지는 정책들은 대부분 현실성이 없고 서민들 꿈을 키워주기에는 너무나 거리가 멀다.

공교육이 부실해 사교육이 번창하고, 여유 있는 계층은 유학까지 보내고 있는데 학원 강의시간이나 수강료를 단속한다고 문제가 해결되겠는가. 입학사정관제도를 획일적으로 도입한다고 공교육이 정상회되겠는가. 오히려 수험생들에게 혼란만 더 안겨주고, 사교육비 절감에는 도움을 주지 못할 것이다. 자사고 확대는 수업료 부담만 늘리고 수능과목을 줄여도 큰 변화를 기대하기는 어렵다.

교육 대책은 항상 ‘백가쟁명’이지만 복잡한 현안일수록 기본으로 돌아가 큰 틀을 세우고 목표와 전략이 분명해야 한다. 지금 문제의 핵심은 사교육 규제가 아니라 공교육 부실 아니겠는가. 당장 한 도에 2~3개라도 특목고보다 더 좋은 일류 공립학교부터 만들어야 한다. 우수한 교사를 공모해 파격적으로 대우하고, 장학제도와 첨단시설을 보강해 선진국 수준의 공교육을 시행하는 선도적 모델을 하루빨리 보여 줘야 한다. 공교육만으로도 꿈을 달성하는 길을 시급히 만들어줘야 한다. 선택과 집중을 통해 파격적으로 투자한다면 얼마든지 가능한 일이다.

최근처럼 양극화와 계층 간 갈등이 첨예화하는 상황에서는 소외계층을 적극 배려하는 정책도 도입해야 한다. 교육 기회의 균등, 문화적 다양성 제고, 그리고 사회적 안정을 위해 지역할당제와 소외계층 배려제도 등을 체계적으로 개발해야 한다. 이런 정책과 함께 입시제도의 전면적인 자율화가 동시에 추진되어야만 교육 경쟁력과 기회균등이 함께 달성될 수 있다.

실제로 양극화는 부자에게 부담을 늘리는 정책만으로 해소되지 않는다. 그렇다고 부를 경멸하거나 물질적 풍요를 깎아내려서도 안 된다. 아무리 개천에서 자랐어도 능력 있는 사람이 용이 되어 날아오를 수 있는 교육 제도가 뒷받침되어야만 한다. 이것은 문명사회가 안정을 유지하기 위한 최소한의 필요조건이다. (〈매일경제〉, 2009. 7. 30)

14

반값 등록금의 환상

여야의 포퓰리즘 경쟁 속에 반값 등록금 문제가 대학가를 달구고 있다. 야당은 당장 가을학기부터 명목 등록금의 반값 인하를 주장하고, 여당도 경쟁적으로 등록금 경감에 열을 올리고 있다. 감사원과 공정위까지 나서서 대학을 조사하겠다니 한동안 등록금 인하 압력이 전방위로 펼쳐질 것 같다. 과연 등록금을 반값으로 인하하는 것이 국민경제에 바람직한 것일까? 특히 정부가 거둔 세금으로 등록금을 지원하는 정책이 필요한 것일까?

사람들이 대학에 가는 이유를 경제학에서는 인적 자본의 가치를 높이는 데 있다고 본다. 전문화된 고등교육을 통해 자신의 부가가치를 높일 수 있기 때문이다. 따라서 대학에서 제대로 교육을 받는다면 졸업 후에는 당연히 인적 자본의 가치가 올라가고 등록금도 곧 회수할 수 있어야 한다. 대체로 교육에 대한 투자는 효율성이 높아서 누구나 고등교육을 받고 싶어

하는 것이 사실이다.

미국의 MBA 프로그램이 그렇게 많은 등록금을 받아도 학생이 몰리는 것은 바로 이와 같은 이유에서다. 졸업 후 수년 안에 충분히 투자 원금을 보상받을 수 있고, 평생 무형의 자산으로서도 충분한 가치가 있기 때문이다.

그런데 지금 한국은 어떠한가. 선진국의 대학 진학률이 20~30퍼센트대에 불과한데, 우리는 80퍼센트를 넘어 세계 최고 수준을 기록하고 있지만, 졸업 후에도 취업을 못하는 백수가 수두룩하다. 몇 년을 기다린다 해도 희망이 보이지 않는다. 그러니 학생들의 불만이 폭발할 수밖에 없다. 그렇다고 대학의 등록금이 차별화된 것도 아니다. 명문이든 정원을 제대로 채우지 못하는 대학이든 등록금 수준은 거의 천편일률적으로 같다.

따라서 소비자가 합리적으로 행동한다면 자신의 부가가치를 높여 주지 못하는 부실대학을 스스로 선택하지 않아야 한다. 그런데 어디 소비자가 항상 합리적으로만 행동하는가? 담배를 피우면 건강에 해롭다고 아무리 강조해도 흡연자가 많지 않은가. 정부가 버젓이 인가한 대학이 있으니 가는 것 아니겠는가.

이럴 때 경제학에서는 정부가 필요하다고 강조한다. 담배에 세금을 부과하고, 불량제품의 유통을 규제하듯이 부실한 대학의 영업을 막는 구조조정도 정부의 책임이다. 등록금 논쟁의 출발은 여기에서부터 시작되어야 한다. 정원도 못 채우며 부실한 운영을 하는 대학, 이미 본연의 기능을 상실한 대학들을 과감히 정리해 소비자의 합리적인 선택을 유도해야 한다.

대학의 구조조정도 없이 반값 등록금이 시행된다면 그 효과는 어떻게 나타날까? 부실한 대학을 연명시키고, 대학 진학률은 더 올라갈 것이며, 부가가치도 창출 못하는 낭비적인 투자에 세금을 쏟아 붓는 결과만 가져올 것이다. 대학을 졸업한 백수는 더욱 늘어나고 그 불만은 반값 등록금을 추진한 정치권에 부메랑으로 돌아갈 것이다.

나아가 등록금을 내리겠다고 정부가 나서서 모든 대학에 획일적으로 기준을 요구한다면, 그것은 곧 대학의 하향 평준화로 이어질 것이다. 첨단 시설에 세계적인 석학을 유치하는 대학이 어떻게 등록금이 비싸지지 않을 수 있겠는가. 교육의 전문성을 강조할수록, 세계적인 경쟁력을 강화할수록 투자비는 올라갈 수밖에 없다. 한국이 아예 그런 대학의 육성을 포기한다면 하향 평준화가 정답일 수 있다.

그러나 우리도 지식 정보화 사회를 선도하는 전문 인력을 길러 내는 대학을 만들겠다면 반값 등록금의 발상을 완전히 바꿔야 한다. 정부가 선택과 집중을 통해 세계적인 대학을 육성하고, 소외계층도 그런 교육을 받을 수 있게 지원해 주어야 한다. 세계적인 명문을 많이 만들고, 그런 대학에 소외계층도 부담 없이 갈 수 있도록 지원하는 것이 가장 바람직한 대학정책이다. 만에 하나 반값 등록금이 획일적으로 모든 대학에 적용된다면, 그것은 곧 한국 대학의 종언을 알리는 사건이 될 것이다. (〈매경이코노미〉, 2011. 6. 29)

15

넘어서야 할
스티그마 효과

"이제부터는 누구든지 나를 괴롭히지 마십시오. 내 몸에는 예수그리스도의 낙인이 찍혀 있습니다."(갈라디아서 6:17)

사도 바울이 에베소에서 갈라디아인들에게 보낸 편지에 나와 있는 한 구절이다. 원래 낙인은 그리스어인 스티그마stigma에서 유래한 것으로서, 쇠 인장印章을 불에 달구어서 가축의 엉덩이에 찍어 주는 것을 말한다. 이런 화인火印은 원래 가축과 노예의 소유자를 표시하기 위해 쓰였지만, 때로는 전쟁포로나 파렴치범들에게도 이마에 낙인을 찍어 주었다. 그러니까 낙인은 오래전부터 중범죄를 저지른 죄인이나 가장 천대받는 신분임을 나타내는 징표로서 사용되었던 것이다.

성서에 나오는 바울의 낙인은 자신이 예수 그리스도의 사도라는 것을 특별히 강조하기 위한 은유로 쓰였겠지만, 주석가들은 바울이 어딘가에 예수라고 새긴 쇠인장을 갖고 있었을 것이라고 해석하기도 한다. 실제로 많은 중세의 수도사들이 이마에 낙인을 찍고 다녔다고 한다. 이런 의미에서 낙인은 성흔聖痕이라는 의미로 해석되기도 한다.

그런데 성경까지 거슬러 올라가는 스티그마가 21세기에도 버젓이 존재하고 있다. 물론 성흔의 의미가 있는 낙인이 아니다. 성범죄자에게 전자팔찌를 채워준다든가, 전과자를 별도로 관리해 사회활동을 제약하는 것이 바로 현대판 스티그마 아니겠는가. 과거의 부정적인 기록을 낙인으로 남겨, 아무리 개과천선했다고 해도 쉽게 인정해 주지 않는 것이다. 이런 현상을 낙인 효과stigma effect라고 부른다.

낙인 효과는 여러 형태로 다양하게 나타난다. 사회학에서는 일반적으로 진정한 실체actual identity와 과거의 선입관 등으로 형성된 가상의 실체 virtual identity 간의 격차를 낙인 효과라고 정의한다. 다시 말해 낙인 효과란 좋지 않은 과거의 행적이 만들어 준 나쁜 흔적 때문에 사회적 활동이나 경제적 거래에서 부당한 대우를 받게 되는 것을 말한다.

물론 스티그마 효과는 타인에 의해 고착되는 경우도 많다. 예를 들면, 과거에 아무런 잘못이 없었음에도 특정 지역이나 출신 학교 때문에 피해를 보는 것도 스티그마 효과라고 할 수 있다. 신리학에서는 실제로 스티그마 효과가 범죄를 유발하거나 학업 성과를 저조하게 만든다고 지적한다. "넌 안 돼"라는 말을 수없이 많이 듣는 아이가 어떻게 성공할 수 있겠는가. "나는 안 된다"는 잠재의식이 형성되어 자신의 능력을 제대로 발휘할 수 없게 만드는 것이다. "고래도 칭찬하면 춤춘다"는 피그말리온 효과와 정반대되는 현상인 셈이다.

스티그마 효과는 경제에도 그대로 나타난다. 한 번 부도를 낸 기업은 그

낙인을 제거하기 어렵고, 과거 상처의 흔적이 컸던 국가도 이미지를 쉽게 바꾸기 어렵다. 다른 사람의 의식 속에 숨어 있는 스티그마를 지우기가 만만치 않은 것이다. 물론 우리나라도 어려웠던 과거의 흔적을 완전히 지우지 못하고 있다. 아무리 소득수준이 올라갔다 해도, 아직도 "외환위기를 당했고" "북한과 비슷한 수준이거나" "겨우 극빈 수준을 넘은" 나라로 낙인찍히는 경우가 허다하다.

최근의 글로벌 위기를 분석한 한국은행 자료에서도 국가에 대한 스티그마 효과가 엄연히 존재하는 것으로 나타났다. 즉, 과거 채무 불이행이나 외환위기의 쓰라린 경험을 했던 나라의 환율과 CDS(Credit Default Swap) 프리미엄이 여타국보다 훨씬 더 불안정하게 출렁인다는 사실을 확인했다. 당연히 우리도 이번 위기에서 아픈 과거의 스티그마로 톡톡히 피해를 본 셈이다.

국가도 스티그마를 지우기 어려운데, 하물며 개인이나 기업은 어떠하겠는가. 이젠 GPS로 전자 팔찌까지 추적한다니, 아예 상흔이 생기지 않게 조심하고, 또 조심하고, 위험관리를 철저히 하도록 하자. (《매경이코노미》, 2009. 10. 28)

KI신서 3999

정갑영 교수의 풀어쓰는 경제학
위기의 경제학

1판 1쇄 발행 2012년 5월 15일
1판 2쇄 발행 2017년 3월 9일

지은이 정갑영
펴낸이 김영곤 **펴낸곳** (주)북이십일 21세기북스
영업본부장 신우섭
출판영업팀 이경희 이은혜 권오권
프로모션팀 김한성 최성환 김주희 김선영 정지은
제작 이영민 **홍보팀** 이혜연 최수아 홍은미 백세희 김솔이
출판등록 2000년 5월 6일 제10-1965호
주소 (우413-756) 경기도 파주시 문발동 파주출판문화정보산업단지 518-3
대표전화 031-955-2100 **팩스** 031-955-2151 **이메일** book21@book21.co.kr

(주)북이십일 경계를 허무는 콘텐츠 리더

21세기북스 채널에서 도서 정보와 다양한 영상자료, 이벤트를 만나세요!
북이십일과 함께하는 팟캐스트 '[북팟21] 이게 뭐라고'
페이스북 facebook.com/21cbooks **블로그** b.book21.com
인스타그램 instagram.com/21cbooks **홈페이지** www.book21.com

© 정갑영, 2012

ISBN 978-89-509-3755-3 04320

책값은 뒤표지에 있습니다.